KB073403

____________________님 우리 함께 꼴값을 하고 사십시다.

20　　.　　.　　.

____

꼴값을 하자

꼴값을 하자

초판 1쇄 인쇄일 2016년 6월 27일
초판 1쇄 발행일 2016년 7월 5일

지은이 조성용
펴낸이 양옥매
디자인 최원용
교 정 조준경

펴낸곳 도서출판 책과나무
출판등록 제2012-000376
주소 서울시 마포구 방울내로 79 이노빌딩 302호
대표전화 02.372.1537 **팩스** 02.372.1538
이메일 booknamu2007@naver.com
홈페이지 www.booknamu.com
ISBN 979-11-5776-217-0(03150)

이 도서의 국립중앙도서관 출판시도서목록(CIP)은 서지정보유통지원 시스템 홈페이지(http://seoji.nl.go.kr)와 국가자료공동목록시스템 (http://www.nl.go.kr/kolisnet)에서 이용하실 수 있습니다.
(CIP제어번호 : CIP2016015385)

책과나무

추천사 1

내 안의 사람다움을 깨우는 지침서

– 엄영선 목사 –

저는 어려서 충청도에 살면서 '꼴값'이라는 말을 많이 듣고 살았습니다. 그리고 세월이 지나면서 꼴값이라는 단어는 사라진 줄 알았습니다. 그런데 저자의 꼴값 특강을 하실 때, 우습기도 하면서 '이게 뭐지?' 하는 마음이 들었습니다.

그러나 강의를 들으면서 점점 심각한 마음이 들었고, 내 모습을 다시 생각하면서 얼마나 많은 감동을 받았는지 모릅니다. 꼴값, '사람다운 사람이 되자'는 것이지요. 정말 이 시대에 꼭 필요한 인성 회복에 대한 메시지였습니다.

현재 우리 사회의 모습을 보여 주는 뉴스를 보면서 세상 살맛난다고 하는 사람은 아마 별로 없을 겁니다. 먹고 누리고 사는 것은 예전과 비교도 되지 않을 만큼 잘 먹고 잘 삽니다. 그런데 삶의 질은 형편없어지고 말았습니다. 누구나 이 세대를 걱정하고 다음 세대가 어찌 살 수 있을까를 염려합니다. 다음 세대가 누구입니까? 바로 현재 기성세대들의 아들딸과 손주들입니다.

지금 우리가 사는 세상의 모습은 추억 속에 존재하는 기성세대들이 어렸을 때 어른들이 하던 걱정과는 차원이 다릅니다. 돈 몇 푼 때문에 사람 죽이고 죽어 가는 사람을 보면서도 무관심하게 지나치는 현실 속에서 살고 있지 않습니까? 돈이 사람을 판단하고 가치를 가르는 세대에 살고 있지 않습니까?

돈 때문에 인간관계가 모두 망가져 버렸습니다. 부모와 자식이 원수가 되고 친구가 없어지고 부부관계도 돈 앞에서 당연히 남이 되어 버리는 세상입니다. 철저하게 돈 때문에 홀로되는 세상을 살아가는 우리 모두에게 '꼴값은 하고 살자'는 메시지의 인성교육은 어둠 속에서 희망의 참 빛을 만난 것처럼 너무 반갑고 고마웠습니다. 그리고 이 시대를 함께 살아가는 성직자의 한 사람으로 부끄럽기 그지없었습니다.

이 글을 읽으면 예수님의 모습이 떠올랐습니다.

"너희는 이 세대를 본받지 말고 오직 마음을 새롭게 함으로 변화를 받아 하나님의 선하시고 기뻐하시고 온전하신 뜻이 무엇인지 분별하도록 하라"(롬12:2)

이 책은 내 안의 사람다움을 깨우는 좋은 지침서가 될 것입니다. 많은 분들이 읽으시기를 강력히 추천합니다. 그래서 종교를 떠나서 대한민국 국민으로 바른 인성이 회복되는 변화가 일어나기를 기대합니다. 그리고 더 바르고 칭찬받는 대한민국을 물려줍시다.

기독교대한감리회 경기연회
권선동지방 감리사(충만한 교회 담임)

추천사 2

꼴값, 덕을 쌓고 성공으로 가는 길

– 이상헌 작가 –

조성용 작가를 저는 '신선'이라고 부릅니다. 4년 전 어느 날 나의 사무실을 찾아왔을 때, 첫인상을 보고 지어 준 그의 별명입니다. 지금도 저는 그의 이름을 불러 주기보다도 신선이라고 부르는 것이 더 편하고 좋습니다. 아마도 조성용 씨가 신선이 아니면 그의 조상 중에 신선처럼 사신 분이 계실 것입니다. 작년(2014년) 세월호 사고로 온 나라가 침통해 있을 때, 전화가 왔습니다.

"선생님 저 신선입니다. 이번 세월호 사고를 보면서 너무 안타까운 마음이 있어 더 늦기 전에 우리나라 사람들의 바른 인성 회복 운동을 해야겠습니다. 그래서 '꼴값'을 주제로 글을 썼습니다. 찾아뵙겠습니다. 내용 검토해 주십시오."

그리고는 찾아와서 원고를 내밀었는데, 단숨에 읽고 "전국민에게 필요한 것이 바로 이것이다" 라는 생각이 들어 올해로 21년째 이어 오는 기쁨세상의 6월 기쁨 축제 특강 강사로 초청했는데, 그가 쏟아내는 메시지에 참석한 모든 사람의 감탄과 박수, 반성의 목소리가 여기저기에서 들렸습니다.

이런 메시지라면 전국적으로 흥행 할 수 있겠다는 생각이 들었습니다. 강사로 성공을 위한 흥행도 중요하지만, 대한민국 국민들 모두에게 반성과 회개운동(나는 특정한 종교인은 아니지만)이 일어나겠다는 것입니다.

지금도 제 사무실에는 많은 사람들이 찾아옵니다. 저마다 문제를 가지고 오는 사람도 많지만, 성공적인 사례를 가지고 오기도 합니다. 문제와 성공의 요인은 바로 '인성(人性)'에 달려 있습니다. 사업에 실패한 사람도 인성이 변화되어 고객들에게 잘하면 성공합니다. 잘나가던 사람이 교만해져서 까불면 그것은 망하는 지름길입니다.

인생은 호흡과 같습니다. 꼴값은 '호'입니다. 성공은 '흡'입니다. 내가 많은 사람들과 함께 살면서 내 역할, 즉 꼴값을 잘하면 다른 사람들이 나를 인정해 주고 믿어 줍니다. 그러면 성공합니다. 숨은 먼저 내쉬어야 들이쉴 수 있지요. 호가 먼저 되어야 흡이 됩니다. 먼저 덕을 쌓아야 복을 받습니다. 꼴값을 하는 것은 덕을 쌓는 것입니다. 덕을 많이 쌓은 사람이 복을 받는 것은 당연한 자연의 이치입니다.

이 책을 읽으실 독자 여러분! 꼴값으로 덕을 많이 쌓아 신(信)이라는 복을 넘치도록 받으셔서 후손들에게 칭찬받는 조상이 되시길 바랍니다.

기쁨세상 대표 · 방송작가 · 칼럼리스트
『흥하는 말씨 망하는 말투』 外
150여 권의 베스트셀러 저자 이상헌

추천사 3

꼴값하기, 바른 인성 회복의 시작

– 박인옥 교수 –

최근 교과부에서 집중적으로 교육시킬 덕목으로 예절, 효도, 정직, 책임, 존중, 배려, 소통, 협동 등을 지정했습니다. 가정이나 직장, 지하철이나 공공장소에서 어른에 대한 예절은 사라진 것 같고, 많은 것들이 예전 같지 않습니다. 대체 어디서부터 잘못된 것일까요? 인성(人性)은 가르친다고 금방 효과가 나타나는 것도 아닙니다.

옛말에 자식은 부모 앞에서 배우지 않고 부모 뒤에서 배운다고 했습니다. 과연 자식들이 부모에게 배울 것이 있다고 생각할까요? 모 대학에서 학생들에게 "아버지가 언제 돌아가시면 좋겠냐?"는 질문에 63세였다고 합니다. 이유는 그때 돌아가셔야 아버지 퇴직금이 온전히 내 차지가 되기 때문이라고 하였답니다. 이 말을 듣고 참 가슴이 아팠습니다. 남들이 호상이라고 하는 연세에 돌아가셔도 가슴이 아프건만, 이게 웬 말입니까?

내 나이 때는 학교에서 한 친구가 잘못하면 다 같이 벌을 받거나 매를 맞았어도 그 친구를 원망하거나 때리는 교사를 욕하지도 않았습니다. 재산 때문에 부모를 해하거나, 남녀가 사귀다가 헤어지면 가슴이 아프지만 인고했던 경우와는 달리 인면수심의 행동을 하는 사건사고가 심심치 않게 각종 매체를 통해 전해집니다. 그중에는 '절대 그럴 사람이 아니다. 예의바르고 착한 사람이었다.'는 이웃의 증언도 있습니다. 문제는 남이 없을 때, 남이 보지 않을 때, 그리고 긴급할 때, 인성을 바르게 실천할 수 있느냐 하는 것입니다.

1970~1980년대 인간미가 넘치던 우리 사회의 모습은 어디로 사라진 것일까요? 또한 이것은 누구의 잘못일까요? 부모가 자식에게 아무리 좋은 말로 잘 가르친다고 해도, 자식들은 부모가 갑자기 다급한 상황에 처했을 때 어떤 행동을 하는지를 보고 배웁니다. "그렇다면 과연 나는?" 하는 질문을 스스로에게 던져 봅니다.

누군가 해야 할 일을 10년 넘게 '꼴값하며 살자'고 외치는 조성용 교수의 이번 책을 통해 우리 사회에 하고 싶은 말을 제대로 하셨다고 생각합니다. 누구의 탓도 아닌 내 탓이라고 생각하며 이 원고를 읽었습니다. 어느 부분에서는 어른으로 산다는 것이 부끄럽게 느껴지기도 했습니다. 이 책을 읽는 많은 분들이 저처럼 부끄러움을 느꼈으면 하는 바람입니다. 그것이 바로 바른 인성 회복의 시작이라고 저는 생각합니다.

아무도 지켜보지 않을 때도 올바르게 행동하는 것. 이제 우리 어른부터 실천해야겠습니다. 그래서 더 이상 후배들에게 부끄러운 삶을 살지 말아야겠습니다.

한경대학교 교수. 유머플러스 소장
여성유머강사 1호 박인옥

프롤로그

꼴값하기운동을 시작하며

304명의 희생자로 대한민국을 우울하게 만들었던 2014년 세월호 침몰사고는 청소년들에게 어른이라는 명함을 내밀기도 부끄러운 인재(人災)였다고 필자는 생각합니다.

이 사고의 원인에 따른 처벌은 검찰과 경찰에서 정확한 조사를 통해 책임 있는 사람들에게 그에 합당한 처벌을 한 것으로 믿고, 정부 및 공무원 관계자들은 법에 따라 합당한 조치가 내려졌으리라 생각합니다.

그러면 이 사고는 잘 마무리된 것일까요? 그렇게 소수 몇 사람이 처벌받아 감옥에 가고 직위해제 되거나 자리 이동하면 모든 것이 끝이겠냐고 묻고 싶은 것입니다. 관련부서에서는 재발 방지 대책을 수립하겠지요. 그러면 다시는 이런 불행한 사고가 발생하지 않을까요?

아닙니다. 근본적인 문제를 해결하지 않으면 제2의, 제3의 세월호 침몰사고는 또다시 일어날 수밖에 없습니다. 그리고 그때의 희생자는 바로 내가 될 수도 있고, 또 우리들의 가족 중 한 사람일 수도 있습니다. 또는 먼 미래의 우리 후손일 수도 있습니다. 이제 다시는 이런 불행이 찾아오지 않게 하기 위해서는 전(全) 국민을 대상으로 하는 인성교육이 불처럼 일어나야 합니다.

이제 온 국민이 바른 인성으로 상식을 실천하는 '꼴값하기 운동'이 일어나야 한다고 생각합니다. 세월호 사고의 근본적인 이유는 인성이 바르게 자리 잡지 못한 국민 한 사람 한 사람이 상식을 실천하지 못하고 자신의 꼴값을 하지 못한 데 있다고 감히 필자는 분석합니다.

성경 갈라디아서 6장 7절에 "심은 대로 거둔다" 했습니다. 따라서 이 세월호 침몰은 그동안 우리가 인성(人性)적으로 바른 교육의 씨를 심지 못한 결과라고 할 수 있습니다. 자신에게 맡겨진 역할에 충실하지 못한 결과입니다. 또한 상호 간에 신뢰가 없어 일어난 사고입니다.

꼴값의 '꼴'은 어떠한 물체의 모양이나 형태를 말합니다. 예를 들면 부채꼴, 삼각형, 사각형 등을 말합니다. '값'은 값어치로, 가치를 말합니다. 사람은 인(人)의 꼴을 하고 있습니다. 따라서 사람에게 꼴값이란 '인(人)의 꼴을 하고 있는 사람의 값어치(가치)'를 말하며 구체적으로는 '역할'을 말합니다.

사람의 꼴값은 그 사람의 인격으로 나타납니다. 인격은 말, 행동, 글을 보면 알 수 있습니다. 언행일치가 되지 못하고, 글을 통해 다른 사람들을 힘들게 하는 사람은 사람의 꼴값을 못하는 사람입니다. 이때 꼴값은 이름값, 나잇값, 자릿값으로 구분하여 설명

할 수 있습니다.

이름은 부모님이 주신 최초의 선물입니다. 부모님께서 내 이름을 지으시며 "이러이러한 사람이 되어라" 합니다. 비록 그 이름의 의미대로 살지는 못한다 하더라도 최소한 부모님의 얼굴을 부끄럽게 해서는 안 됩니다. 어른 된 자로서 자녀들을 부끄럽게 해서도 안 됩니다. 그것이 이름값입니다. 신창원이나 강호순 같은 범죄자와 불명예로 뉴스에 오르내리는 사람들은 모두 부모님을 부끄럽게 했습니다. 또 어떤 이들은 자녀들로 하여금 '누구누구의 자녀'라는 사실이 부끄럽게 했습니다. 이른바 이름값을 못하는 사람들입니다.

나이는 하늘이 내려 준 질서입니다. '윗물이 맑아야 아랫물이 맑다'는 속담은 단순한 순서를 말하는 것이 아니라 행함을 말하는 것입니다. 세월호 사건은 선배들이 잘못 보여 주고, 가르쳐 줌으로써 교육된 결과입니다. 후배들은 선배들의 삶에서 보고 배우고 따라합니다. 그동안 선배들이 나잇값 못하며 살아온 것을 마치 정석인 양 따라서 배웠고, 그것이 당연한 듯 알고 살았습니다. 속담에 "조상 탓 한다"라고 하지요. 세월호 침몰을 비롯한 이 나라에서 발생하고 있는 크고 작은 사건 사고는 모두 조상 탓을 해야 하는 사고입니다. 이제부터라도 제대로 보여 주고 바로 가르쳐야 합니다. 제대로 나잇값을 하여 '조상 탓'을 몰아내고 '조상 덕분'으로 회복해야 합니다.

자리는 각자의 위치에서의 역할입니다. 우리 국민 각 개인이 자기가 할 일만 잘했더라면, 이런 일은 일어나지 않았을 겁니다. 세월호 과적! 담장자는 왜 알면서 묵인했을까요? 실종자를 찾아주겠다며 돈을 요구한 사람은 뭔가요? 누구는 구호품을 보내는데, 그 구호품을 빼돌리는 사람은 뭔가요? 사고 처리 과정을 보면서 시시비비만 따지는 당신! 당신이 잘한 것은 무엇입니까?

결국 이번 사고는 우리 모두가 자기 역할을 다하지 못했기 때문에 발생한 것입니다. 그러기에 우리 모두는 공범이라고 할 수 있습니다. 성경에 "누구든지 크고자 하는 자는 너희를 섬기는 자가 되고, 너희 중에 누구든지 으뜸이 되고자 하는 자는 모든 사람의 종이 되어야 하리라." 했습니다. '자리'는 자신의 역할에 있는 것이지, 높고 낮음으로 폼 잡는 데 있는 것이 아닙니다.

이제 우리는 꼴값은 하고 살아야 하지 않을까요? 꼴값을 하려면 착하게 살아야 합니다. 착하게 사는 것은 네(㐅)가지 있게 사는 것입니다. 그 네(㐅)가지가 바로 인의예지(仁義禮智)입니다. 인의예지를 실천하는 것이 바로 착하게 사는 것입니다. 인의예지를 잘 실천하는 사람에게 세상은 '신뢰(信賴)'라는 선물을 줍니다. 그래서 각 사람이 신뢰받는 사회가 되면, 우리는 다시 인성이 바른 나라를 회복할 수 있습니다. 그리고 우리 후손들은 착한 세상에서 살 수 있습니다.

'반구제기(反求諸己)'라는 말이 있습니다. 모든 문제의 원인을 내게서부터 찾아야 한다는 것입니다. 누구 탓 누구 잘못을 운운하기 전에, 먼저 나는 바르게 살고 있는지를 돌아보아야 합니다. 나부터 반성하고 잘못된 관행을 단절해야 합니다. 성경에 "노하기를 더디 하는 자는 용사보다 낫고 자기 마음을 다스리는 자는 성을 빼앗는 자보다 나으니라" 했습니다. 이 시대를 살고 있는 우리는 다음 세대들의 선배들입니다. 우리 선배들이 인의예지, 네 가지의 마음을 잘 다스려 꼴값을 하고 후배들에게 좋은 나라를 물려주어야 하지 않을까를 생각해 봅니다.

꼴값은 하며 살아야겠습니다. 꼴값하기운동은 새마을운동처럼 일어나야 합니다. 독자 여러분, 꼴값하기운동에 적극적으로 참여해 주시지 않겠습니까? 감사합니다.

Contents

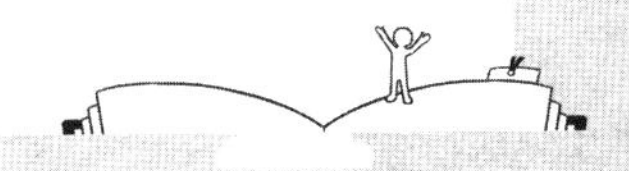

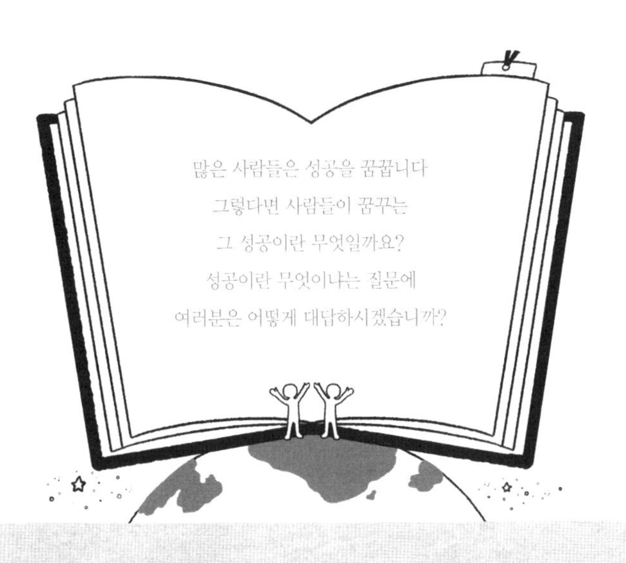
많은 사람들은 성공을 꿈꿉니다
그렇다면 사람들이 꿈꾸는
그 성공이란 무엇일까요?
성공이란 무엇이냐는 질문에
여러분은 어떻게 대답하시겠습니까?

L E T

내가 아무리 많은 노력을 해도 하늘이 길을 열어 주지 않으면
경제적인 부자도, 군자도 될 수 없음을 명심하십시오
결국 하늘이 원하는 삶을 살아야 합니다

KKOLGAP

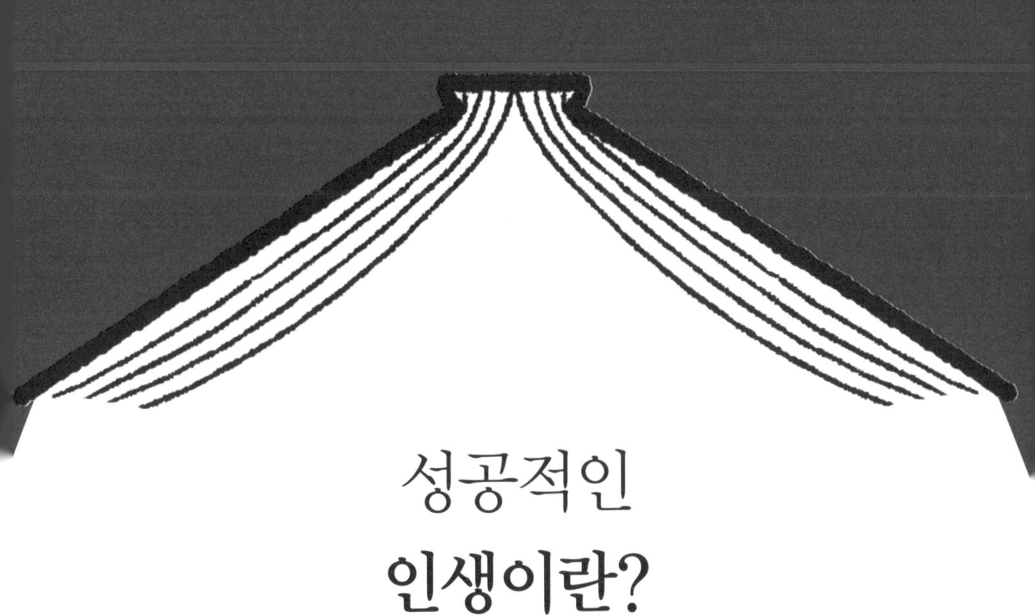

성공적인 인생이란?

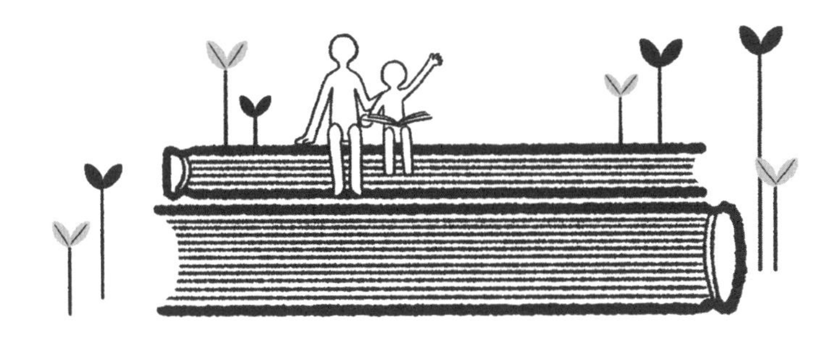

옛 직장에서 많이 부러웠던 사원이 있었습니다. 이 사원은 생산직에 근무하며 개선 제안을 매우 잘했습니다. 이 사원의 제안 덕분에 생산성도 많이 향상되었습니다. 마침내 그는 그룹 회장상을 받는 등 그룹에서 일약 스타가 되었고, 사내 방송과 사보에도 자랑스러운 사원의 주인공으로 소개되기도 하였습니다. 그는 주임에서 대리로 승진했으며, 대리 승진 후 남들은 최소 4년이 걸리는 것을 1년 만에 과장으로 승진되었습니다.

적어도 이때까지는 많은 사원들이 이 사원을 부러워했을 것입니다. 그룹 회장상을 받았고, 대리 승진 1년 만에 과장으로 승진했으니 말입니다. 그렇다면 이 사원은 성공한 것일까요? 그리고 이 사원의 성공 조건은 개선 제안을 잘하는 것이었을까요?

최소한 여기까지는 성공한 인생이 맞습니다. 하지만 그는 과장 진급 3개월 만에 하늘의 뜻이 아닌 비상식적인 행동으로 돌연 회사를 떠나야만 했습니다. 그런 그를 회사는 용서하고 잡을 수가 없었습니다. 그의 떠남에 많은 사원들이 놀랐고, 결국 그는 한마디 말도 못한 채 인사도 못하고 떠나야만 했습니다.

인생은 생방송

2000년대 초반 가수 송대관 씨가 부른 노래 중에 〈인생은 생방송〉이란 곡이 있습니다.

제가 이 곡을 처음 들었을 때는 퇴직 후 강사의 길을 가야겠다고 마음먹고 서서히 퇴직 준비를 하던 때였습니다. 퇴근 후 운동 삼아 산에 오르다 어디선가 들려오는 이 노랫말에 귀를 기울이게 되었고, 마침내 제 무릎을 '탁!' 치곤 "그래, 내 강의 제목은 이것으로 한다." 그리곤 그해 S전자에서 신입사원을 대상으로 첫 강의를 시작했는데, 그때 강의 제목이 '인생은 생방송'이었습니다.

그렇습니다. 우리네 인생은 생방송입니다. 아마도 연세가 40~50대 이상 되신 분들은 한두 번쯤 경험하셨을 것입니다. 1970~1980년대 모처럼 폼 잡고 영화관을 가서 한참 재미있게 보고 있고 마침 내용이 절정에 이르렀을 때, 필름이 갑자기 끊기는 경험 말입니다. 그때 우리는 조신하게 앉아 기다리고 있었습니까? 아마도 영사실을 향해 소리를 지르고 휘파람을 불며 난리를 치셨을 것입니다.

또 만약에 월드컵 축구 결승전에서 한 선수가 골문을 향해 슛을 했는데 그때 마침 정전이 되었다면, 가만히 기다리고 있을 시청자는 몇 명이나 될까요? 수많은 사람들이 한전으로, 또 방송국으로 전화를 하는 바람에 한바탕 난리가 날 겁니다.

그런데 우리는 이렇게 남의 잘못은 용서하지 못하면서 나에게는 지나치게 관대하다는 생각을 해 보지는 않으셨는지요? 만약 누군가가 우리의 24시간을 카메라로 촬영하였고, 이승에서의 삶을 마무리한 후 천국과 지옥의 갈림길에서 그 영상물을 보여 주며 네가 가야 할 곳을 알아서 선택하라면, 여러분은 천국과 지옥 중 어느 곳을 선택하시게 될까요? 그리고 이때 선택의 기준은 무엇일까요?

여러분 인생의 마지막 그 선택 앞에서 조금도 망설임이 없게 하기 위하여 지금까지 내가 살아온 인생을 잠시 중간 점검할 필요가 있지 않을까요? 지금까지 잘 살아왔다면 그 증거는 무엇일까요? 만약 부족한 것이 있다면, 그것은 또 무엇일까요?

★ 지금까지 내 인생 잘 살아왔다면 그 증거는 무엇인가요?

★ 만약 부족한 것이 있다면 그것은 무엇일까요?

성공적인 인생을 사는 길

많은 사람들은 성공을 꿈꿉니다. 그렇다면 사람들이 꿈꾸는 그 성공이란 무엇일까요? 성공이란 무엇이냐는 질문에 여러분은 어떻게 대답하시겠습니까? 아래 빈칸에 당신만의 성공 개념을 정의해서 작성해 주세요.

★ 나에게 성공이란?

아마도 많은 분들이 추상적으로 '행복한 삶', '건강한 삶', '하고 싶은 것을 하며 사는 삶', 또는 '부자의 삶'을 성공이라고 정의하셨을 것입니다. 그러면 그 성공을 위해 꼭 필요한 조건이 있다면 무엇일까요? 나의 성공을 위해 꼭 필요하다고 판단되는 것을 적어 보세요.

★ 나의 성공에 꼭 필요한 조건

아마도 돈, 기술, 실력, 학력, 인맥 등을 쓰셨을 것으로 생각됩니다. 그렇다면 여기에서 한 가지 더 질문을 드려 봅니다. 필자를 포함하여 우리는 모두 죽습니다. 누가 먼저 가느냐 혹은 나중에 가느냐의 차이만 있을 뿐, 모두 언젠가는 죽습니다. 그러면 어떻게 살다 가야 잘 살다 갔다고 말할 수 있을까요?

나의 죽음을 애도하기 위해 찾아온 많은 조문객들은 나를 향해 무엇이라고 하는지 잘 들어 보십시오. 아니, 가장 듣고 싶으신 말이 무엇입니까? 아래에 적어 보세요.

★ 조문객들에게 가장 듣고 싶은 말

필자는 "인생을 참 바르게 살다간 사람 조성용"이라는 말을 듣고 싶습니다. 글 서두에 다소 무거운 질문을 하게 되어 정말 죄송합니다. 그런데 현대를 살아가는 필자를 포함한 많은 사람들의 성공에 대한 가치 기준이 한쪽으로 쏠려 있다는 생각이 들기에, 그 기준부터 바르게 정의해 보고 싶었습니다.

이 질문에 대한 결론을 먼저 말씀드리면, 順天者存 逆天者亡(순천자존 역천자망) 즉, "하늘에 순종하는 사람은 살고, 하늘을 거스르는 자는 망한다"입니다. 하늘이 명한 대로 사는 것이 성공이며, 하늘의 뜻을 실천하는 것이 성공의 조건이고, 하늘의 뜻대로 살다간 사람이 잘 살다간 사람이라고 말씀드리고 싶습니다. 여기에서 하늘에 대한 정의를 작가는 중립적 입장에서 '자연'이라고 말씀드리겠습니다. 하지만 종교가 있으신 분은 자신이 섬기는 절대자를 하늘로 보셔도 큰 무리는 없을 것입니다. 참고로, 필자는 기독교인입니다.

여기서 우리가 순종해야 할 하늘의 뜻은 무엇입니까? 바로 선(善)하게 사는 것입니다. 결국 천국과 지옥의 갈림길에서 자신이 돌아보아야 할 것은 아마도 "얼마나 선(善)하게 살았는가?", "얼마나 선(善)하게 일했는가?"일 것입니다. 그래서 생방송 인생을 살아가는 우리들은 매사에 최선(最善)을 다해야 하는 것입니다.

이때 최선(最善)을 해석하면 '가장 착하게'가 됩니다. 따라서 성공적인 인생을 살기 위해서는 돈을 많이 버는 것도 아니고 건강한 것도 아니라, 가장 착하게 사는 것이 성공하는 길이라고 말씀드리고 싶습니다. 선(善)하게 사는 것은 하늘(자연)의 명령이기 때문입니다.

많은 사람들이 부자를 꿈꾸고 지금 이 시간에도 돈 버는 방법을 찾기 위해 이 글을 읽고 계신지도 모를 일입니다. 그런데 그 부자도 하늘의 도움이 없이는 불가능합니다.

명심보감 성심편(省心篇)에 "대부유천 소부유근(大富由天 小富由勤)"이라 했습니다. 해석하여 말씀드리면 "큰 부자는 하늘에 달려 있고, 작은 부자는 근면함에 달려 있다."란 의미입니다. 학생시절 학생들의 용돈은 대부분 부모님에게 달려 있습니다. 즉, 용돈을 많이 타기 위해서는 부모님의 마음을 움직여야 한다는 것이죠. 그리고 부모님의 마음을 움직이기 위해서는 부모님이 원하는 일을 해야 합니다. 그것이 공부일 수도 있고, 심부름일 수도 있습니다. 부모님이 원하는 것을 하여 그분들을 기쁘게 해드렸을 때, 내게 생각지도 못한 많은 용돈이 오는 것입니다.

이와 같은 이치로, 내가 가장 빠르게 큰 부자가 되는 방법은 하늘을 움직이는 것입니다. 그렇지 않고 내가 어떻게 해서라도 부자가 되어 봐야겠다고 근면하고 성실하게 살아 봤자, 작은 부자밖에 될 수 없습니다. 여기서 대부(大富)는 동양사상적 관점으로 볼 때, 경제적인 부(富)가 아닌 '군자(君子)'를 말합니다. 이 또한 큰 사람은 하늘에 달려 있다는 말이기도 합니다. 그래서 한 나라의 대통령은 하늘이 내는 것이라고 하는 가 봅니다.

내가 아무리 많은 노력을 해도 하늘이 길을 열어 주지 않으면 경제적인 부자도, 군자도 될 수 없음을 명심하십시오. 결국 하늘이 원하는 삶을 살아야 합니다.

'최선극락'의 의미

인생은 최선극락(最善剋樂)입니다. 이 말의 뜻은 "더할 수 없이 선하게 살려고 노력을 하면 지극히 즐겁다."는 의미이고, 또 바꾸어 말하면 "내가 지극히 즐거워야 어떤 일에 최고로 착하게 할 수 있다."는 의미가 되기도 합니다.

그런데 왜 우리는 '대형사고 공화국'이란 오명을 벗지 못하고 매년 똑같은 실수를 반복하며 살아가고 있는 것일까요? 그것은 우리 개인의 삶이 즐겁지 못한 탓에, 타인을 향해 최고로 착함을 베풀 수 없기 때문입니다.

그렇다면 다음 장에서는 1990년대 이후에 발생한 크고 작은 사고에 대해 알아보겠습니다.

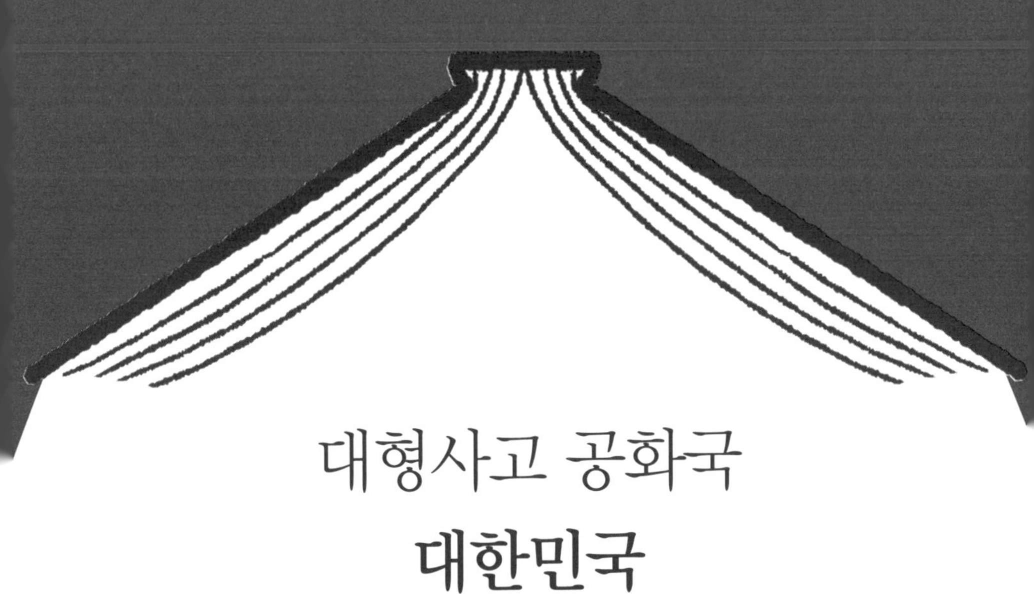

대형사고 공화국 대한민국

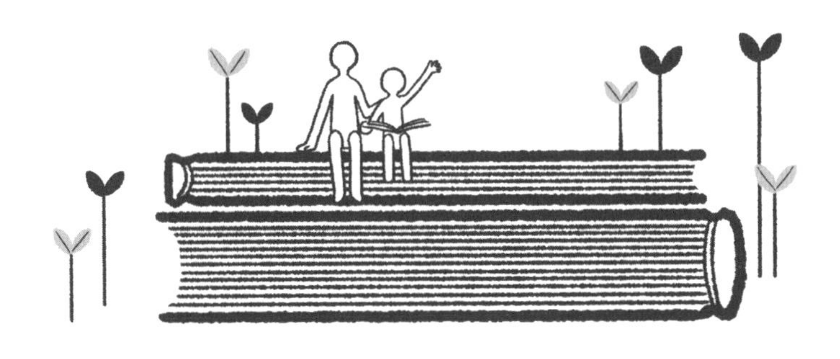

대형사고 공화국에서 발생한 다양하고 수많은 사건 사고로 인해
운명을 달리하신 수많은 희생자들의 유족에게 "힘내시라"는 위로의 말을 전합니다.

요즘 시간이 지나면 지날수록 대한민국 국민이라는 것이 자랑스럽지 않습니다. 우리는 조류도 아니고 만물의 영장이라는 사람인데, 왜 지나간 사건 사고를 그렇게 빨리 잊어버리는 걸까요?

매번 대형 사고가 발생할 때마다 더 이상 대한민국을 의지할 수 없다며 이민을 가는 사람들이 늘어나고 있습니다. 정부는 얼마나 많은 국민을 이민 보내야 정신을 차릴까요? 이제는 가히 '대형사고 공화국'이란 말이 잘 어울릴 만큼 큰 피해를 불러일으켰던 몇 건의 사고에 대하여 살펴보겠습니다.

삼풍백화점 붕괴(1995)

이 사고는 1995년 6월 29일 서울 서초동에 있던 삼풍백화점이 붕괴된 사고로, 건물이 무너지면서 1,438명의 종업원과 고객들이 다치거나 사망했으며, 백화점 주변으로 파편이 튀어 지나던 행인들 중에도 부상자가 발생하는 등 재산상 · 인명상 큰 피해를 끼쳤습니다.

피해 현황은 인명피해 총 1,445명(502명 사망, 937명 부상, 6명 실종)과 재산 피해는 2,700억 원에 이르는 것으로 추정하고 있으며, 피해 업체만 해도 878업체에 이릅니다. 사고 원인으로는 설계, 시공, 감리 및 유지관리단계 부실 등 복합요인에 의한 것으로 알려져 있습니다.

서해훼리호 침몰(1993)

1993년 10월 10일 발생한 서해훼리호 침몰 사고는 전라북도 부안군 위도에서 침몰한 사고로, 292명의 사망자를 냈습니다. 피해자들의 대부분은 섬지역에서 살던 주민들이었습니다. 사고 원인으로는 기상악화와 더불어 초과 승선과 과적, 운항부주의, 방수구 부족으로 알려졌습니다.

대구도시가스폭발사고(1995)

1995년 4월 28일 대구광역시 달서구 상인동 영남고교 사거리 지하철 1호선 제1~2구간 공사장에서 발생한 폭발사고입니다. 이 사고는 사고발생지역 남쪽지점에 있는 대구백화점 상인지점 신축공사장에서 그라우팅을 위한 천공작업을 위해 75㎜ 구멍 31개를 굴착 중 실수로 천공기로 도시가스 배관을 관통시켜 구멍이 뚫림으로써 가스가 누출, 인근 하수구를 통해 지하철 공사장으로 유입돼 원인 미상의 불씨에 의해 폭발했습니다.

폭발음과 함께 50여 m의 불기둥이 치솟았으며, 이 사고로 학생 42명을 포함해 101명 사망했으며 202명이 부상을 입었고, 차량 통행을 위해 공사장 위에 임시 설치한 복공판 400m가 무너지는 등 건물 346채, 자동차 152대가 파손되어 피해액만 무려 540억 원입니다.

대구지하철 화재(2003)

대구지하철 화재 참사는 2003년 2월 18일 대구 도시철도 1호선에서 방화로 일어났습니다. 이 화재로 12량의 전동차가 모두 불탔으며, 192명이 사망하고 148명이 부상당했습니다. 열차는 불에 타 뼈대만 남았고, 중앙로역도 불에 타서 2003년 12월 30일까지 복구를 위해 영업을 중단하는 사태가 벌어졌습니다. 사고 원인은 자신의 지적장애를 비관한 한 장애인이 휘발유를 담은 페트병 2개를 가지고 열차가 중앙로역에 정차하기 위하여 서행하는 도중에 갑자기 휘발유가 든 페트병에 불을 붙이면서 화재로 발전했습니다.

성수대교 붕괴(1994)

1994년 10월 21일, 성수대교 상부 트러스 48m가 붕괴돼 무너지는 사고가 발생하였습니다. 사고 지점을 달리던 승합차 1대와 승용차 2대는 한강으로 추락했고, 붕괴되는 지점에 걸쳐 있던 승용차 2대는 물속으로 빠졌으며, 등굣길 학생들을 태운 한성운수 소속 16번 버스는 붕괴 부분에 걸쳐 있다가 추락하는 바람에 차체가 뒤집어지면서 등교하던 무학여자고등학교 학생들이 사고로 희생되었습니다. 사고원인은 부실공사로 밝혀졌으며, 인명 피해는 사망 32명, 부상 17명이었습니다.

세월호 침몰 사고

그리고 2014년 4월 16일 오전 8시 48분경, 대한민국 전라남도 진도군 조도면 부근 해상에서 세월호가 침몰하는 사고가 발생했습니다. 당시 세월호에는 경기도 안산시 단원고등학교 2학년 학생 325명과 선원 30명 등 총 476명이 탑승하고 있었습니다. 이 중 172명은 구조되었으며, 295명은 주검으로 돌아왔고 아직 시신도 발견되지 않은 9명은 실종상태입니다.

세월호는 청해진해운에서 2013년 1월 15일부터 인천과 제주를 잇는 항로에 투입돼 주 4회 왕복 운항하고 있는 길이 145m, 폭 22m의 6835t급 대형 크루즈로, 총 승선 정원은 921명이며, 차량은 220대를 실을 수 있는 배로 명실상부 대한민국 최고의 여객이었습니다.

기타 대형 사고 현황

NO	사고명	발생연도	사망	부상	합계	원인
1	이리역 (현 익산역) 폭발사고	1977	59	1158	1217	폭발물 관리 소홀
2	남영호 침몰사고	1970	319	-	319	과적, 초과승선 운항 부주의
3	경산 열차추돌사고	1981	55	254	309	과속
4	구포 무궁화호 탈선사고	1993	78	198	276	무인가 발파로 노반침하
5	대연각호텔 화재사고	1971	191	68	259	가스폭발
6	대한항공 801편 추락사고	1997	228	26	254	기상악화로 운전 부주의

7	대한항공 803편 추락사고	1989	80	124	204	조종사의 무리한 착륙시도
8	통영 YTL 침몰사고	1974	159	-	159	기상악화, 출항 강행, 정원 초과
9	인천 인현동 호프집 화재사고	1999	57	71	128	노래방 직원 불장난
10	대왕코너 화재사고	1974	88	35	123	전기합선 무허가 영업
11	아시아나항공 733편 추락사고	1993	68	48	116	무리한 착륙시도
12	경주 마우나 리조트 붕괴사고	2014	10	103	113	부실시공
13	아현동 가스폭발사고	1994	12	101	113	관리감독 소홀
14	모산 수학여행 참사	1970	46	29	75	주변 소란으로 집중력 결여
15	와우아파트 붕괴사고	1970	33	40	73	부실공사
16	금정산 버스 추락사고	1981	35	35	70	정비불량
17	천호대교 버스추락	1988	19	35	54	재생타이어사용 배차시간 과속
18	양강교 버스추락	1985	38	-	38	과도한업무환경
19	씨랜드 화재사고	1999	23	-	23	모기향 화재
20	장성 효사랑요양 병원 화재사고	2014	22	6	28	부실한 안전관리

각종 대형 사고의 원인

세월호 침몰사고가 완전히 수습도 안 된 2014년 10월 17일 오후 5시53분경, 경기 성남시 분당구 판교동 유스페이스 앞 야외 공연장에서 관람객 약 27명이 지하철 환풍구 아래로 추락하는 사고가 발생하여 16명이 사망하고 11명이 중경상을 입는 사고가 또다시 발생했습니다.

그리고 2015년 3월에는 전 국민을 경악케 한 엽기적인 살인사건 소식이 전해졌습니다.

한 여인이 제초제로 사용되는 맹독성 농약을 음식에 타 전 남편과 지금 남편, 그리고 시어머니 등 무려 3명을 살해한 사건이 발생한 것입니다. 그녀는 가족에게 왜 이런 끔찍한 일을 벌인 걸까요?

첫 범행은 2011년으로 거슬러 올라갑니다. 경기도 포천의 한 농촌 마을, 맹독성 농약이 든 음료수를 마신 것으로 보이는 40대 가장 김 씨는 치료 도중 끝내 숨을 거두고 말았습니다. 당시 경찰은 유족의 진술을 토대로, 김 씨가 사업으로 재산을 탕진한 자신의 신변을 비관해 스스로 농약을 마시고 숨진 것으로 결론지었습니다. 숨진 김 씨의 사망보험금으로 보험사 3곳에서 4억 원이 넘는 돈이 나왔지만, 이미 오래전에 가입된 보험이라 별다른 의심을 받지 않았습니다.

그리고 김 씨가 사망한 지 1년 뒤, 김 씨의 부인 노 모 씨는 지인의 소개로 만난 43살 이 모 씨와 재혼을 합니다. 그런데 그녀가 시어머니 집에 들어와 산 지 한 달 반 만에 시어머니가 숨지고, 7개월 만에 재혼한 남편이 비슷한 폐렴 증세를 보이다 숨졌습니다. 이 씨를 치료했던 의료진은 가족에게 예사롭지 않은 말을 건넵니다. 농약 중독이 의심된다는 겁니다. 게다가 부인 노 씨는 재혼한 지 1년 반 만에 남편의 사망 보험금으로 5억 3천만 원을 받습니다.

잇따른 주변인의 사망을 의심한 보험사는 경찰에 수사를 의뢰했고, 수사에 착수한 경찰은 노 씨와 전남편과의 사이에서 태어난 19살 친딸도 비슷한 증상을 보이며 위중한 상태에 빠졌음을 확인합니다. 그리고 딸 앞으로 지금까지 7백만 원의 보험금이 지급된 사실과 더불어 노 씨가 맹독성 농약을 구하러 다닌 정황도 포착했습니다. 모든 정황이 명백해진 상황에서 경찰은 노 여인을 살인 혐의로 검거했고, 음식이나 음료수에 농약을 조금씩 섞는 수법으로 가족들을 사망에 이르게 했다는 자백을 받았습니다.

가족의 사망으로 탄 거액의 보험금으로 노 씨는 백화점에서 하루에 수백만 원에 이르는 쇼핑을 하기도 하고, 자신이 즐기는 자전거 동호회 활동을 위해 2천만 원에 달하는 고급 자전거를 구매하였으며, 겨울철에는 거의 매일 스키를 즐기는 생활을 한 것으로 확인되었습니다.

아무리 돈이 좋다고 하지만 배 아파 낳은 자식보다 좋을까요? 그런데 문제는 이런 말도 안 되는 일들이 우리 사회에서 계속해서 발생하고 있다는 것입니다. 우리 아이 잘 보살펴 달라고 어린이 집 보냈더니 구타를 하지 않나, 차로 사람을 죽이고 도망가지를 않나,

돈 때문에 엽총으로 사람을 죽이지 않나……. 요즘 뉴스를 보기가 두려울 정도로 크고 작은 사건 사고는 하루가 멀다 하고 발생하고 있습니다.

작금의 우리 사회는 왜! 이 같이 매번 소 잃고 외양간 고치는 식의 일을 계속해야 할까요? 지난번 사건 사고를 교훈 삼아 같은 실수나 사고는 반복되지 않도록 할 수는 없는 것일까요?

성경 갈라디아서 6장 7절에 "사람이 무엇으로 심든지 그대로 거두리라"는 글이 있습니다. 지난 세월호 침몰 사고는 그동안 다양하게 많은 사고와 희생이 있었음에도 불구하고 국민 모두가 누구 한 명 고치거나 바꿔지 않은 채 똑같이 심어 놓은 씨앗의 열매라고 해도 과언이라 할 수 없는 대형사고입니다. 여전히 도처에 뿌리 깊이 박혀 있던 우리 대한민국의 문제점들이 총망라되어 세월호를 통해 펑 터진 것이라고 필자는 생각합니다. 이것이 우리 대한민국의 현주소이며, 이 사고가 현재를 살아가는 국민들에게 '이제 정말 기본으로 돌아가지 않으면 너희 후손들에게 더 큰 고통을 안겨 주겠다'는 무언의 메시지라 생각합니다.

우리 대한민국과 국민은 변화되어야 합니다. 최근까지 우리 역사의 분기점은 1997년 IMF 이전과 이후로 나누었습니다. 하지만 이제부터는 세월호 침몰 이전과 이후로 나누어야 합니다. 대통령님을 비롯한 위정자들과 온 국민이 하나가 되어 강력한 의지로 국가 개조라 할 수 있는 큰 변화를 반드시 이루어 내야 합니다.

이번 사고는 우리에게 전하는 메시지가 참으로 많습니다. 이번 기회에 잠재되어 있던 근본적인 문제를 해결하지 않으면 제2, 제3의 대형 사고는 또다시 발생할 것입니다. 그렇다면 세월호 침몰을 비롯한 일련의 대형 사고들의 근본적인 원인과 재발 방지를 위한 대책은 무엇일까요? 어떻게 해야 희생자들에게 부끄럽지 않고 유족들과 구조된 후에도 어려움을 겪고 있는 피해자들에게 위로가 되고 힘이 되는 나라를 만들 수 있을까요?

21세기형 타이타닉의 침몰이라고 할 만큼 희생이 컸던 세월호 참사는 무엇이 문제였을까요? 그 직접적인 원인은 세월호 운항 관계자와 청해진 해운에 있겠지마는, 간접적으로는 우리 국민 모두가 상식을 지키지 않았기 때문에 발생한 사고라고 필자는 분석합니다.

상식이 무엇입니까? 'Rule & Role'입니다. Rule은 '규칙, 규정, 법'입니다. 현재까지 밝혀진 세월호의 침몰 원인은 과적(過積)입니다. 더 자세한 원인이 밝혀져야겠지만, 현재까지 드러난 다양한 원인도 모두 가장 기본적인 Rule을 지키지 않은 것과 연결됩니다. 그저 관행이었다는 말도 안 되는 핑계와 몇 푼의 돈을 더 벌려는 얄팍한 욕심이 대형 사고를 부른 것입니다.

성경 디모데후서 2장 5절에 "또 누구든지 경기를 할 때 규칙대로 하지 아니하면 면류관을 얻지 못하리라"고 했습니다. Rule의 중요성을 강조한 것입니다. 각종 반칙을 사용하여 이겼다고 합시다. 자신에게 부끄럽지 않겠습니까? 후손들에게 떳떳하게 이겼다고 말할 수 있습니까? 기본적인 규정을 어겨 가며 승리한 것을 진정한 승리라고 할 수 있습니까? 언젠가 세상에 밝혀지는 날, 그때 더 부끄럽지 않을까요?

한때 대한민국 축구 국가대표까지 했던 C씨는 2011년 승부조작 사건이 터진 후 FIFA에서 축구선수로 영구 제명당했습니다. C씨는 승부조작 근절을 위한 K리그 전 구단 전 선수가 참여하는 워크숍에서 "부끄러움이 있다면 이 자리에 있지 않는다. 모르는 전화는 받지도 않는다. 부끄러움 없이 정직하게 살았다."라며 승부 조작을 극구 부인했지만, 2011년 6월 28일 K구단 소속 시절 승부조작에 참여했다고 자수하였습니다. 그는 조사 과정에서 브로커 역할까지 한 것으로 밝혀졌습니다. 이에 따라 FIFA는 C씨의 모든 선수 활동을 세계적으로 정지시키는 영구제명을 결정함으로써 축구 선수로서 그의 삶은 끝났습니다.

C씨는 분명 대한민국 축구에 큰 업적도 남겼습니다. 하지만 축구선수로서의 기본적인 상식을 지키지 않아 자신이 잘할 수 있는 일조차 할 수 없는 사태를 맞이하게 되었습니다. 최근 소식통에 의하면, 사회인 야구단에서 투수를 하고 있다고는 하지만 그곳이 그의 운동장이 아니라는 것은 국민 누구나 다 아는 사실입니다. 기본적인 상식의 실천으로 자기가 있어야 할 자리가 어디인지 분명이 알아야겠습니다.

2013년에는 석사학위 논문 표절 논란에 휩싸였던 배우 김혜수 씨가 학위 반납 의사를 표시하며 시청자들을 향해 공식사과를 했습니다. 그는 기자 회견장에서 논문 표절을 언급하며 "이유 불문하고 잘못했습니다. 지도교수에게 석사 학위를 반납하겠습니다."라며 뜻을 밝혔습니다. Rule에 어긋난 행동을 안 순간, 바로 자신의 행위를 반성하는 김혜수 씨의 모습에 박수를 보냅니다. 하지만 아직도 논문 표절 논란에 있으면서도 아무런 조치를 하지 않고 있는 정치인, 연예인들은 언젠가 다시 그 논문 표절 문제가 발목을 잡을 것입니다.

'Role'은 역할 또는 책임입니다. 그동안 발생했던 수많은 대형 사고 끝에는 반드시 책임을 물어 구속된 사람들이 있습니다. 지난 세월호 침몰도 마찬가지로 1차로 청해진 해운과 세월호 승무원들이 구속되었습니다. 당연히 책임감 있게 했어야 할 일을 하지 않았기 때문입니다.

직원 중에 단 한 사람도 과적이라는 것을 몰랐을까요? 아마 저자의 추측으로는, 알았지만 묵인했을 겁니다. 왜냐하면 그들은 최근까지와 마찬가지로 관행적으로 해오던 각종 비리로 인한 혜택을 누리고 있었기 때문일 것입니다. 그리고 이번에도 무사히 잘 넘어가겠거니 하고 생각했을 것입니다.

1912년 4월 영국에서 2,200명을 태우고 출항한 타이타닉호는 처녀항해 중, 대서양에서 침몰했습니다. 생존자는 여성 구조율 74%, 남성 구조율은 20%였고, 당시 타이타닉호의 선장은 은퇴를 앞둔 에드워드 존 스미스였습니다. 그는 어린이와 여성을 먼저 구출할 것을 승무원들에게 명령했다고 합니다. 그리고 영화 〈타이타닉〉에서와 같이 조타실에서 마지막 순간까지 키를 놓지 않고 타이타닉호와 운명을 같이했습니다.

이것이 바로 선장의 Role입니다. 반드시 죽어야만 하는 것이 역할을 다하는 것이 아니라, 선장으로서 최후의 순간까지 자신이 해야 할 일을 하는 것입니다. 세월호 선장 이모 씨는 선장의 역할이 무엇인지 알고는 있었는지 궁금해집니다.

제2차 세계 대전을 승리로 이끈 영국의 영웅 처칠 수상이 국회에 나가 연설을 하게 되었는데, 손님을 맞이하다가 그만 시간이 늦어졌습니다. 그래서 신호를 무시해서라도 예정된 시간 안에 국회에 도착하도록 운전기사에게 지시하였답니다. 신호를 무시하고 국회로 가는 도중에 교통경찰이 달려와서 차를 세웠습니다. 그러나 운전기사는 당당하게 경찰에게 말했습니다. "이 차에는 수상 각하가 타고 있소. 지금 국회로 가는 길인데, 시간이 늦어서 급히 가는 길이오."

그러나 교통경찰은 이렇게 말하는 것이었습니다. "수상 각하를 닮긴 닮았는데, 수상인 처칠경의 차가 교통 규칙을 위반할 리가 없소이다. 면허증을 내놓고 내일까지 경찰서로 출두를 하시오." 처칠 수상은 곧 자신의 잘못을 깨닫고 교통 경찰관이 자기의 직무를 성실하게 수행하는 태도에 감명을 받으며 마음이 흐뭇하였습니다.

이튿날, 처칠 수상은 경찰의 최고 책임자인 경시청 총감을 불러서 어제 있었던 일의 자초지종을 말하고 그 교통경찰의 한 계급 특진을 명령했습니다. 그러나 경시청 총감은 난색을 표하며, "경찰 조직법에 그런 조항이 없어서 특진을 시킬 수가 없습니다."라고 말하며 정중하게 거절하였습니다. 처칠 수상은 경시청 총감이 정해진 규칙을 준수하려는 태도를 보고 다시 한 번 감동을 받았습니다.

전 세계적인 두 영웅의 이야기가 오늘날 우리에게 주는 교훈은 무엇일까요? Rule과 Role의 중요성을 다시 한 번 일깨워 줍니다.

필자는 세월호 사고의 종합적인 원인으로 다소 주관적일 수 있지만 세월호의 선주 및 선장을 비롯한 모든 직 · 간접 관계자들과 대한민국 국민 한 사람 한 사람이 상식을 실천하지 않음에 따른 꼴값을 제대로 하지 않은 결과라고 생각합니다. 이뿐 아니라 과거에 발생했던 서해 훼리오 침몰 사고, 삼품백화점 붕괴 사고, 성수대교 붕괴 사고, 대구지하철 화재 사고를 비롯해 최근의 해병대 캠프 사고까지 어느 것 하나 인재(人災)가 아닌 것이 없었습니다. 이러한 사고들은 모두 관계자에게 맡겨진 일을 상식적으로 처리하지 않았고, 각자 자기 역할에 대한 꼴값(역할)을 하지 못했기 때문에 발생한 사고인 것입니다.

혹자는 "꼴값이라니! 장난하십니까?"라고 반문하며 항의하시는 분도 계실 것입니다. 하지만 상식을 잘 지키는 사람은 인성이 바른 사람입니다. 즉, 인성교육이 잘되어 있는 사람입니다. 또 상식을 잘 지키는 사람이 결국 꼴값을 하는 사람입니다.

KKOLGAP

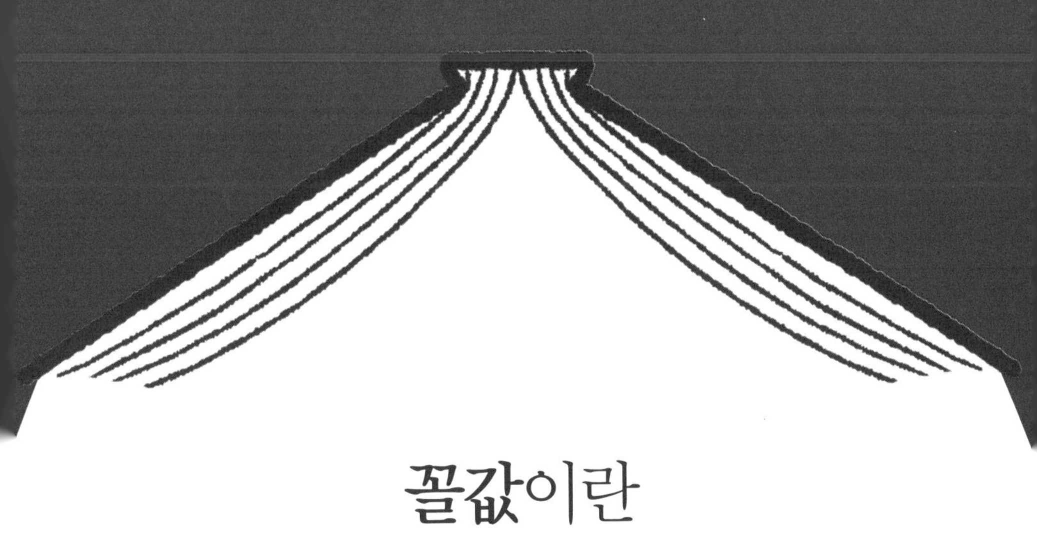

꼴값이란

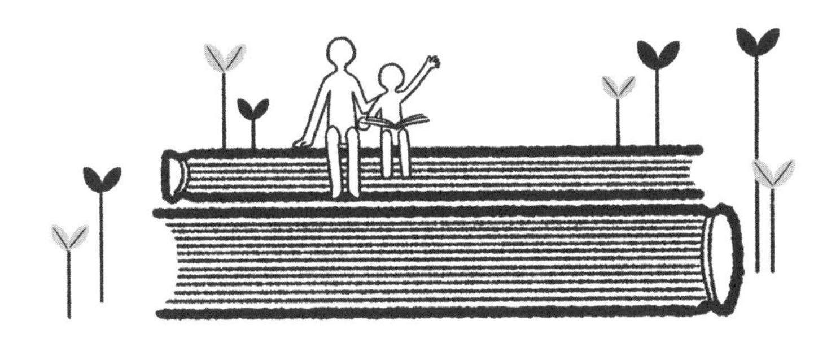

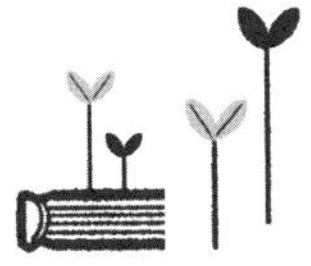

K씨는 약속을 잘 지키시는 분입니다. 언제나 약속을 하시면 5~10분은 먼저 와서 기다리시는 참 멋있는 분입니다.

기독교 신앙생활을 하는 K씨는 어느 날 머리를 깎기 위해 이발소를 갔습니다. 그곳에서 K씨는 머리를 깎으며 이발소 사장님께 "사장님! 사장님께서 만약 저희 교회에 오셔서 등록하시고 신앙생활을 하시게 되신다면 제가 다른 지역으로 이사하지 않는 한, 앞으로 제 머리 깎는 것은 평생 사장님 이발소에서 하겠습니다."라며 정말 말도 안 되는 약속을 합니다.

그러자 이발소 사장은 "이발이라는 것이 주일 날 더 바쁘니 저는 가기가 어렵고, 우선 제 아내를 먼저 보내도록 하겠습니다."라고 약속을 하더랍니다. 이렇게 두 분은 참 대단한 약속을 했습니다.

그리고 진짜로 그 이발소 사장님 아내 되는 분이 교회에 왔습니다. 하지만 몇 번 나오다 말았고, 더군다나 살림집이 이사하면서 교회와 멀어져서 더 올 수 없게 되었답니다. 이정도면 이발소 사장이 약속을 먼저 어긴 것이니 K씨도 평생 머리 깎는 것을 맡기겠다던 약속을 깨도 괜찮지 않을까요? 여러분이 K씨라면 어떻게 하시겠습니까?

여러분이 예상하신대로 K씨는 지금(2016년)도 그 이발소를 단골로 이용하고 있고, 그 기간은 무려 18년째가 되었답니다. 그리고 앞으로도 계속될 것이라고 합니다. 그 이유를 묻자, "한 번 한 약속은 반드시 지켜져야 하기 때문입니다."라고 대답하십니다. "언제까지 그분께 머리를 맡기시겠습니까?" 하고 여쭈니 "그 사장님이 돌아가시거나 내가 먼저 죽거나 할 때까지"라고 말씀하십니다.

참고로 그 이발소 사장님 연세는 70대 중반이시고, K씨는 60대 중반이십니다. 이제 평생이라고 해야 몇 년 더 남았을지 아직은 정확히 가늠할 수 없지만, 그 K씨가 참으로 존경스럽습니다. 약속을 쉽게 하고 쉽게 뒤집어 배신하기를 밥 먹듯 하는 요즘 같은 시대에 약속에 대한 큰 가르침을 주신 K씨께 감사 인사 올립니다.

김장환 님이 쓰신 글 중에 약속을 잘 실천하여 신뢰받는 사람이 되도록 하기 위한 좋은 글이 있어, 함께 읽고 실천했으면 하는 마음으로 소개합니다.

〈작은 노력이 쌓은 신뢰〉

다른 사람의 부탁을 거절 못하는 남자가 있었습니다.

이 남자는 상대방의 기분을 먼저 생각하여 들어주기 힘든 부탁이라도 거절을 하지 못하고, 알겠다고 대답을 합니다. 그러나 시작부터 무리였거나, 다른 일과 겹칠 때가 많아서 어쩔 수 없이 약속은 취소해야 할 때가 자주 있었습니다. 그는 결국 주변 사람들에게 점점 '믿을 수 없는 사람'으로 낙인찍히게 되었습니다. 결국 그 남자는 상담사를 찾아가 상담을 했고, 그는 두 가지 대책안을 주었습니다.

하나는 절대로 가능한 약속만 할 것.

둘째는 약속한 것은 반드시 지킬것입니다.

이후 그 남자는 상담자의 대책을 철저히 지켰습니다. 누군가와 선행된 약속이 있다면 다른 어떤 사람이 아무리 요구해도 거절했습니다.

"미안합니다만, 그 시간엔 사전 약속이 있습니다"

"지금 그 일은 도와주기엔 무리가 있을 듯 합니다. 미안합니다."

안타까운 사정을 말 할 때는 마음이 흔들리기도 했지만 그래도 실천약속을 지켰습니다. 어느 덧 시간이 흐르자 그 남자는 주변에서 다시 '믿을 만한 사람'으로 소문나게 되었습니다. 그에게 약속을 거절당한 사람들도 그 남자를 믿을 수 있는 사람으로 생각한다는 것입니다. 자신의 부탁은 거절당했지만, 선행 약속을 위한 거절임을 알기 때문입니다.

신뢰는 사소한 약속으로 얻게 되는 것입니다. 한번 한 약속은 그것보다 더 좋은 조건이 와도 반드시 지켜져야 합니다. 그래서 신뢰받는 사람이 되어야 합니다.

필자도 최근 약속을 위반하는, 나름 대형 사고를 쳤습니다. 인성교육 진흥법이 국회를 통과하고 2015년 7월부터 학교에서 인성교육을 의무적으로 시행한다니, 그것을 비즈니스로 연결하겠다는 생각을 가진 사람들이 다양한 방법으로 뭉치고 있습니다. 그러다 보니 자연스럽게 필자가 공부하던 모임에서도 인성교육 프로그램 개발을 위한 워크숍을 하기로 했습니다.

이때 저자가 제일 먼저 큰 소리로 주장을 했습니다. "프로그램 개발과정을 단기에 성공적으로 마무리하기 위해서는 모든 개인욕심 내려놓고 한곳에 모여서 한 방에 끝내야 합니다. 어느 정도 개인적인 불이익은 감수해야 합니다." 이렇게 말입니다. 그때까지는 강의 일정이 잡히지 않았기에 큰 소리를 칠 수 있었습니다.

하지만 이틀도 못 가서 번복을 해야만 했습니다. 워크숍 일정 2일째 날, 아침 강의가 제법 비싼 금액으로 요청이 온 것입니다. 강사료가 얼만지가 중요한 것이 아니라 그때 제 형편은 저렴한 몇 만 원짜리라도 일을 해야 하는 상황이었습니다. 워크숍 가기로 한 동료 교수님들께 양해를 구하고 새로운 일정을 잡기까지 다소 어려운 과정이 있긴 했지만, 돈 앞에 상식을 지키지 못하는 어리석은 제 모습이 실망스럽기도 하고 동료 교수님들께 죄송하기도 했습니다.

약속된 법과 규정을 지키는 것, 이것이 상식입니다. 지금까지 발생한 대형 사건 사고 대부분이 상식을 지키지 않았기에 발생했다고 할 수 있습니다.

상식이란

20년 전, 아빠들의 귀가시계라고 할 만큼 인기리에 방영되었던 최민수, 박상원, 고현정 주연의 〈모래시계〉를 기억하십니까? 세 사람은 학창시절부터 절친이었습니다. 그러나 박상원(강우석 역)은 검사가 되었고, 최민수(박태수 역)는 조직폭력배 건달이 되었습니다. 극(劇) 후반에 강우석은 검사가 되어 건달 친구 박태수의 죄를 묻습니다. 그리고 사형을 구형합니다. 이때 박태수의 죄목이 무엇인지 기억나십니까?

첫 번째 죄목은 상식대로 살지 않은 것입니다. 만약 상식적이지 못해서 사형을 받아야 한다면 작금의 우리 사회는 사형을 받아 마땅한 수많은 사람들이 있고 또 그들이 세상을 움직이고 있으니, 점점 더 사형 받아 마땅한 사람들만 양성하고 있는 것은 아닌지 돌아볼 필요가 있습니다. 상식이란 '지금 이 자리에서 함께하는 사람들과 이 일을 하면서 최소한 내가 어떤 생각을 하고 어떤 행동을 하고 어떤 말을 할지를 알고 그대로 실천하는 것'이라고 정의할 수 있습니다.

따라서 이 상식을 지키고 실천하여 주위 사람들이 최소한 나 때문에 기분 나쁘거나 불편한 일 즉, 주위 사람들에게 피해를 주는 일은 없어야 합니다. 간혹 어떤 장소에 가면 어떤 한 사람 때문에 분위기가 이상해지고 만나자마자 기분이 상하는 경우가 있습니다.

최소한 상식을 지키면 그런 환경은 만들지 않을 수 있습니다. 여기서 잠시 인터넷에서 재미있게 읽은 글이 있어 소개하고자 합니다.

택시를 잡아 탄 한 학생이 어떤 할머니와 합승을 하게 되었습니다. 할머니 옆자리에 앉은 학생은 배가 살살 아파 옴을 느끼고 무척 당황했습니다. 온갖 신경을 곤두세우고 힘을 주어 방귀를 참아 보았지만, 도무지 견딜 수 없는 지경에 다다랐습니다. 참다못한 학생은 한 가지 묘수를 찾아냈습니다. 손가락으로 창문을 문지르며 그 비슷한 소리로 방귀를 뀐 것입니다.

그러나 옆에 있던 할머니께서 입을 떼더니 이렇게 말씀하셨습니다.

"소리는 그렇다 치고, 냄새는 어쩔 거야?"

그렇습니다. 이 할머니는 냄새 때문에 불편했던 것입니다. 이렇게 타인을 불편하게 하는 것은 상식적이지 못한 행동입니다. 높은 수준의 상식 있는 행동은 내가 그렇게 생각하고 말하고 행동함으로써 내 주변에 있는 사람들이 나 덕분에 기분이 좋아지는 것입니다.

교육자는 교육자다울 때 가장 상식적이고 훌륭한 은사님으로 기억된다 할 수 있습니다. 그러나 최근 모 대학 음악 교수는 한 학생이 과제를 해오지 않았다는 이유로 "네가 밤에 곡을 못 쓰는 이유가 뭐냐. 혹시 밤일을 나가느냐."는 등의 폭언을 했고, 또 다른 교수는 논문 지도 중 "너는 돈을 줘도 못 가르치겠다. 나가!"라고 말하는 등 학생 1인당 평균 20분 정도밖에 논문 지도를 하지 않았다고 합니다. 이것은 교수로서 상식적이지 못한 행동이고, 결국 이 교수들에게 배운 학생들이 나중에 교수가 되면 똑같이 하지 않는다는 보장도 없습니다. 선배는 후배들에게 등대 또는 이정표와도 같기 때문입니다.

일반적으로 상식을 잘 지키지 않는 사람을 보면 인상을 씁니다. 그러나 질서를 잘 지키는 사람을 보면 얼굴에 미소가 번집니다. 초등학교 때 청소 당번이 청소를 안 하고 그냥 가면, 남아 있는 친구들이 더 힘들게 청소해야 합니다. 도망간 친구가 자기 역할을 하지 않았기 때문에 짜증이 납니다. 만일 청소 당번 친구들이 함께 힘을 합치면 빠르게 청소하고 빨리 집에 갈 수 있었겠지요. 모두 함께 웃으면서 말입니다.

이처럼 작은 것 같지만 나의 상식적인 행동은 주변의 많은 사람들을 웃게 할 수 있습니다.

상식은 실천해야 한다

필자는 홍익뿌리인성교육원에서 인성훈련을 13년째 학습하고 있습니다. 인성교육을 학습하면서 가장 많이 강조하는 메시지는 상식의 실천입니다.

상식이란 명사로서 '사람들이 보통 알고 있거나 알아야 하는 지식'을 말합니다. 상식적이지 못한 행동을 했을 때, 우리는 '상식 밖의 행동', '상식에 어긋나다', '상식을 벗어나다'라고 합니다. 예를 들어, 길거리에 침을 뱉는 사람은 상식이지 못한 사람입니다. 모두가 줄을 서서 질서를 지키며 기다리는데 먼저 타려고 새치기를 하는 사람은 상식이 부족한 사람입니다. 또 운전할 때는 운전할 때의 상식을 지켜야 하고, 정지선 반드시 지키시고, 보는 사람이 없다하여 신호등을 무시하고 지나가지 않습니다.

그리고 정체되는 고속도로 도로가에 쓰레기를 무단투기를 하지 않아야 합니다. 지난 2011년부터 3년간 설과 추석 때 고속도로에 버려지는 쓰레기 발생량은 하루 평균 26.9톤으로, 평일 평균 14.7톤보다 2배 가까이 많은 것으로 조사됐습니다. 쓰레기 처리에는 많은 인력과 비용이 소요되는데, 3년간 전체 고속도로에 버려진 쓰레기 발생량은 1만 6,400톤으로, 처리비용만 27억 8,000만 원입니다. 낮은 시민의식이 고속도로변 쓰레기 처리에 혈세를 낭비하고 있는 셈입니다. 이것이 바로 오늘날 우리 국민들의 상식의 수준입니다. 필자를 비롯한 우리 국민 모두가 반성해야 할 일입니다.

대중교통을 이용 중이라면 어른께 자리를 양보하는 것은 적어도 우리나라에서는 상식입니다. 휴대폰 통화 시 작은 소리로 해야 하는 등 공공질서를 지키는 것 또한 상식입니다. 이처럼 상식이라는 것은 때와 장소에 따라 다양하게 나타납니다. 내가 어디에 있지, 무엇을 하고 있지, 누구와 함께 있느냐에 따라 다르게 적절한 행동으로 활용되어야 합니다.

상식은 머리로 알고 있는 것과 몸으로 실천하는 것으로 나누어 생각할 수 있습니다. 만약 지금 내가 알고 있는 상식에 대하여 시험을 본다면, 시험 점수가 높을까요? 아니면 실천 점수가 높을까요? 아마 머리로 알고 있는 점수가 높고 몸으로 실천하는 것은 점수가 낮을 겁니다.

사람은 모르고 있는 것을 실천하지 못합니다. 하지만 알면서도 실천하지 못하는 것이 많습니다. 아마도 대부분의 여러분은 “시험 점수가 높습니다.”라고 답변을 하셨을 것입니다. 이처럼 우리는 알고는 있는데 실천이 잘 안 됩니다.

상식의 지식수준과 실천수준의 간격을 저는 인성교육에서 ‘교만지수’라고 합니다. 말하자면, 많이 알고 실천하지 못할수록 사람들은 교만해질 가능성이 높습니다. 저도 그런 부분이 없지 않아 있을 수 있습니다. 여러분들도 그런 부분이 있을 수 있습니다.

어느 강의장에 가면 이렇게 말씀하시는 분이 계십니다. “다 알고 있습니다.”라고요. 그런데 말입니다, 교육의 궁극적인 목적은 알게 하는 데 있지 않고, 알고 있는 것을 실천하게 하는 데 있습니다. 그 수준에 모자라는데 알고 있다고 하는 것은 교만한 것입니다.

그럼, 어떤 사람이 교만지수가 높을까요? 그렇습니다. 아는 것은 많은데 실천하지 않는 사람이 교만합니다. 따라서 많이 배운 사람 즉, 석 · 박사 출신이 고졸자보다 교만할 가능성이 있습니다. 높은 직위에 있는 분이 말단 직원보다 교만할 가능성이 있습니다. 또한 경력이 오래된 분이 신입사원보다 교만할 가능성이 있습니다. 그리고 큰 집(평수)에 사는 사람, 큰 차를 타는 사람이 교만할 가능성이 있습니다.

최근 SNS를 통해 전달되고 있는 아름다운 이야기가 있습니다.

일반적인 사람으로는 도저히 이해가 안 되는 상식의 실천입니다. 그 이야기를 먼저 소개하겠습니다.

두 살 때 안구암에 걸려 오른쪽 눈을 다 들어낸 미혼 여성, 한쪽 귀가 없는 아이, 입천장이 뚫리고 한쪽 눈마저 없어 물을 마시면 눈으로 나오는 남성, 선천적인 장애, 불의의 사고로 고통당하는 안면장애 환자들이 있습니다.

그들은 자신들을 '괴물'로 보는 사람들 때문에 바깥출입은 엄두도 못 냅니다. 그렇기에 사람들은 이들의 존재도 잘 모릅니다. 하지만 그들에게 희망을 나눠 주는 이가 있었습니다. 단돈 1만 원에 안면장애 수술을 해 주는 한성익 박사입니다.

그는 어려운 형편의 환자들에게 막대한 수술비를 청구하는 것은 부당하다고 여기고 1만 원을 받고 수술을 해 줍니다. 환자들의 자존심을 지켜 주기 위해서, 그들이 미안해할까 봐 1만 원을 받는 것입니다. 왜 그가 이런 수술을 해 주는 걸까요? 그는 자신 역시 부정맥으로 오랫동안 고생해 왔습니다. 심장수술을 받으며 생사를 넘나들었던 터라, 환자들의 고통을 보며 자신을 보았습니다. 한성익 박사는 말합니다.

"의사는 장사꾼이 아니다. 돈을 벌기 위해 의사가 되는 건 잘못된 것이다. 왜냐하면 의사는 생명을 다루는 직업이고, 돈과 생명은 바꿀 수 있는 것이 아니다."

생명보다 영리가 우선되는 시대에 한성익 박사의 두 손은 사랑이고 고귀한 나눔이었습니다.

일반적인 사람의 생각으로는 도저히 이해가 안 되지만, 한성익 박사께는 이것이 상식입니다. "의사는 장사꾼이 아니다. 돈을 벌기 위해 의사가 되는 건 잘못된 것이다."라는 말씀에 필자는 감동을 받았습니다. 이것이 진심으로 모든 의사들에게 상식이 되어야 한다고 생각합니다.

2014년 7월, 인터넷을 뜨겁게 달군 정말 훈훈한 글이 있어 소개하고자 합니다. 아래 글은 '뽐뿌'라는 사이트에 올라온 '카작의 검'이란 닉네임을 사용하시는 분의 글을 일부 수정한 것입니다.

신월동시장 인근에서 있었던 접촉사고 이야기입니다. 7살 정도로 보이는 손자가 할머니 대신 리어카를 밀고 올라가다 코너에 주차된 A차량의 옆면을 긁었습니다. 할머니는 어쩔 줄을 몰라 하고, 어린 손주는 할머니만 바라보고 울먹이고, 주변 사람들은 웅성웅성……. 니어카를 보니 콩나물 한 봉지와 바나나 몇 송이가 보이더군요. 보는 내내 맘이 편치 않았습니다.

주변에 있던 학생 중 한 사람이 할머니 대신에 전화해서 자초지종을 설명하고 난 후, 10분 정도 지나자 40대로 보이는 아저씨랑 아주머니가 오시더군요. 그런데 오자마자 대뜸 할머니에게 고개를 숙이며 사과를 하는 게 아닌가요? 차를 주차장에 주차 안 시키고 인근 도로변에 주차해서 통행에 방해가 됐고, 그 때문에 손주가 부딪쳐서 죄송하다는 겁니다. 차주 아주머니는 울먹이는 애를 달래더군요.

정말 부러웠습니다. 돈이 많고 잘사는 게 부러운 게 아니라, 저분들 인성이 부럽더군요. 집에 오는 내내, 정말 멋진 사람이라는 생각이 들었습니다. 가정이나 학교에서, 공부보다 저런 인성을 더 많이 가르쳤으면 좋겠습니다.

이 사연은 SNS를 통해 삽시간에 전파되었고, A자동차 한국지사에서는 이 자동차를 수소문 끝에 찾아서 수리비 전액을 지원했다고 합니다. A자동차는 수입자동차로 누구나 쉽게 탈 수 있는 차가 아니라 돈이 있는 사람들이 탈 수 있는 차입니다. 좋은(큰) 차를 타는 사람이 교만할 가능성이 있다고 말씀드렸지만, 꼭 그렇지는 않다는 것을 보여 준 참 좋은 사례입니다. 국민들을 이런 사연을 접할 때 감동받습니다. 필자는 어느새 A자동차 홍보대사가 되었습니다. 실제로 강의할 때 이 사례를 매번 이야기하면서 A자동차를 이야기합니다.

어쩌면 이 차주는 A자동차를 탈 뿐, 회사와는 아무 관계도 없을지도 모릅니다. 하지만 그분의 상식적인 행동이 A자동차의 이미지를 높여 주었습니다. 여러분의 상식적인 행동이 조직이나 가문에 어떠한 영향을 미칠지를 생각해 보는 기회가 되길 기대해 봅니다.

인성이란

필자는 최근 "꼴값을 하자"란 주제로 강의를 다니면서 청소년들을 만나면 꼭 질문하는 것이 있습니다. '온 가족이 모여서 식사를 할 때 아버지가 숟가락 들기 전에 밥 안 먹고 기다리는 사람', '소파에 누워 있거나 방에서 자기 일을 하다 부모님이나 어른들이 들어오시면 벌떡 일어나 자세를 바르게 하는 사람', '친척이 먼 곳에서 오시거나 찾아뵈었을 때 큰절로 인사드리는 사람'을 묻는 것입니다.

이렇게 질문을 하면 첫 번째, 두 번째 질문에 대해서 손드는 청소년들은 100여 명의 학생 중 5명 수준이었고, 세 번째 질문인 절에 대하여는 한 명도 없었습니다. 그뿐 아니라 "왜! 절을 해야 하나요?"라고 되묻는 표정이 역력합니다. 그래서 다시 묻습니다. "그럼, 절은 언제하지?" 청소년들 답은 한결같습니다. "설날 세배할 때요" 아니, 더 정확하게 표현하면 '세뱃돈 받을 때'이겠지요.

이것이 이 시대 우리 청소년들의 인성에 대한 현주소입니다. 이것은 청소년들의 잘못이 아닙니다. 기성세대들이 안 가르친 것입니다. 안 보여 준 것입니다.

인성(人性)에서 人(사람 인)은 사람을 뜻합니다. 그리고 '性(성품 성, 본디 성)'은 '心(마음 심)'과 '生(태어날 생)'이 합쳐서 만들어진 형성문자로 직역하면 '태어날 때의 마음'입니다. 따라서 인성(人性)은 人이 태어날 때 부모님을 통해 가지고 나온 마음으로 해석할 수 있으며, 생명을 다하는 그날까지 항상 옆에 끼고 살아가는 것이라 하겠습니다.

중용에 이르기를 "天命之謂性 率性之謂道 修道之謂敎 道也者 不可須臾離也 可離非道也(라)(천명지위성 솔성지위도 수도지위교 도야자 불가수유리야 가리비도야)"라고 했습니다. 해석하면 "하늘이 만물에게 부여해 준 것(명령)을 '성'이라 하고, 자신이 부여받은 성에 따르는 것을 '도'라 하며, 도를 닦는 것을 '가르침'이라고 한다. '도'라고 하는 것은 잠시라도 떨어질 수 없으니, 떨어질 수 있다면 '도'가 아니다."라는 의미입니다.

성(性)은 즉, 태어날 때의 마음은 하늘이 내게 부여한(준) 명령입니다. 따라서 사람은 그 명(命)을 따라 순종하며 살아가야 합니다. 서두에서도 말씀드렸지만 다시 한 번 적으면 "子曰 順天者存 逆

天者亡(자왈 순천자존 역천자망)" 즉 공자가 말하기를, "하늘에 순응하는 자는 살고, 하늘을 거역하는 자는 망한다."고 했습니다. 따라서 하늘이 내게 명한 성(性)에 순종하며 살아야 하는 것입니다. 그래야 잘 살 수 있습니다. 군자가 될 수 있고, 경제적으로도 부자가 될 수 있습니다.

그러면 하늘이 내게 명했다는 성(性)은 무엇입니까? 맹자는 성선설을 이야기하며 "사람은 선(善)하게 태어났다."고 했습니다. 그러니 우리가 순종하여 따라야 하는 하늘이 내게 명한 성(性)은 바로 선(善)하게 사는 것입니다. 맹자는 성선설을 이야기하면서 "사람에게는 네 가지 착한 마음이 있다."고 주장합니다. 이것이 선의 사단설이고, 일명 '싸(사)가지'입니다.

이러한 맹자의 성선설(性善說)에 대해서는 나중에 별도로 다루기로 하고, 인성이란 사람이 태어날 때 가지고 태어난 선(善)한 마음으로 하늘이 내게 명령한 것입니다. 명령은 따라야 합니다. 따라도 되고 안 따라도 되는 것이 아닙니다. 즉, 타고난 선(善)한 마음을 가지고 바르게 사는 것이 인성입니다.

뿌리가 깊은 나무는 바람에 흔들릴 수 있지만 뽑히지는 않습니다. 하지만 뿌리가 약한 나무는 반드시 큰 바람에 뽑히기도 하고 사람들에게 피해를 주기도 합니다. 사람에게 뿌리는 인성입니다. 즉, 선한 마음이 우리의 뿌리이고 반드시 굳게 지켜야 하는 기본입니다. 이 기본이 무너지면 나뿐 아니라 다른 사람들에게도 많은 피해를 주게 됩니다.

꼴값이란

여러분이 누군가에게 "꼴값했어요?"라는 말을 듣는다면 기분이 어떠실까요? 아마도 대부분은 "뭐라고 그래 나 지금 꼴값 떨고 있다! 그러는 넌 얼마나 잘나서 그딴 소리를 하냐?"며 상당히 기분 나빠 하실 것입니다. "선생님! 선생님은 진짜 꼴값하셨습니다."라고 한다면 이때 기분이 어떻습니까? 이때는 기분이 좋으셔야 합니다. 그런데 강의 중에 여쭈어 보면 두 가지 모두 기분 나쁘다고 말합니다. 왜 기분이 나쁠까요? 그것은 지금까지 꼴값이란 단어를 잘못 사용했기 때문입니다. 그럼 꼴값이란 단어는 어떤 뜻을 가지고 있을까요?

꼴값은 '꼴+값'을 말합니다. 여기서 '꼴'은 명사로 사물의 모양, 형태 생김새를 말합니다. 일명 부채꼴, 사각형, 삼각형처럼 말입니다. 그러나 우리는 일반적으로 사람의 됨됨이를 말하는 것으로 알고 있어 '꼴이 말이 아니다', '꼴이 사납다', '꼴좋다' 등으로 사용되는 등 대체적으로는 부정적인 단어로 쓰여 왔습니다만, 그 본래의 의미는 모양, 형태, 틀, 생김새를 말합니다.

'값'은 가치 즉, 값어치를 말하며 사람에게는 역할을 말하는 것이고, 일정한 값에 해당하는 분량이나 가치의 의미를 지니고 있는 것으로 문화재의 가치, 이름 있는 사람의 역할 등을 말할 때 값을 말합니다.

국방부는 2013년 7월 18일, 16년 동안 지속해 온 연예 병사 제도를 폐지한다고 발표했습니다. 국군 장병의 사기 진작을 위해 1997년에 신설된 연예병사제도는 일부 병사들의 기강 문란 행위로 오히려 사기를 저하시키고 말았습니다. 일부 연예병사가 복무 도중 안마시술소를 출입하였고, 또 다른 일부 병사들은 지방공연 후 음주와 안마시술소 출입을 비롯해 휴대폰 반입 사용, 숙소 무단이탈 등 군인으로서 품위를 훼손한 것입니다. 연예병사 제도는 그동안 '과다 휴가', '복무규정 위반' 등 논란이 끊이지 않는 등 일부 병사들에 대한 특혜 논란까지 더해졌습니다.

왜 이런 사고가 발생했을까요? 이 사고는 어떤 영향을 미칠까요? 현역군인으로 꼴값 즉, 자신의 역할에 충실하지 못한 것입니다. 아무리 연예병사라고 하지만 현역 군인입니다. 군인은 군인답게 행동했어야 합니다. 결국 그들은 재배치되어 전역을 했습니다.

안타까운 것은 후배들입니다. 연예병사를 꿈꾸던 후배들이 선배들의 부끄러운 행동에 대한 피해를 고스란히 보고 있습니다. 전 세계적으로 한류가 대세인 요즘 그 후배들이 軍생활 하면서도 그 재능을 이어 갈 수 있으면 좋으련만 꼴값 못한 선배들 때문에 그들에게는 안타까운 소식이 아닐 수 없습니다.

20여 년 전에 코미디언 김병조 씨가 MBC TV 모 프로그램에서 한문으로 사람인(人)자 다섯 개를 보여 주며 "어떻게 해석하는지 아십니까?"라며 시청자 여러분께 질문을 하던 모습이 기억이 납니다. 그리고는 이렇게 설명하더군요. "사람이면 다 사람이냐! 사람이 사람다워야 사람이지."라고 말입니다. 여기서 '~답다'라는 명사

뒤에 붙어 형용사를 만드는 접미사로, 사람의 생김새를 의미합니다. 모든 인간은 사람의 생김새를 갖고 태어났으므로, 생김새 자체로서는 해석의 의미가 없습니다. 따라서 '~답다'는 행동 또는 역할을 의미하는 것으로, 꼴값은 "사람의 모양을 한 이의 바람직한 역할"이란 의미로 재해석할 수 있으며 결코 부정적이거나 나쁜 뜻의 말이 아닌 순수한 우리말입니다.

그래서 일반적으로 '학생은 학생다워야, 어른은 어른다워야, 어린이는 어린이다워야'라고 말을 할 때, 학생은 학생의 꼴을, 어른은 어른의 꼴을, 어린이는 어린이의 꼴을 하고 있음을 알 수 있습니다. 필자 또한 부모님께는 아들의 꼴, 결혼 하고는 한 가정의 가장의 꼴, 남편의 꼴, 아빠의 꼴이 있고 사회적으로는 강사의 꼴, 선·후배의 꼴, 시민의 꼴, 국민의 꼴 등 다양한 꼴을 하고 있습니다. 각각의 꼴에 맞는 역할을 다했을 때를 꼴값했다고 하고, 역할을 다하지 못했을 때 꼴값을 못했다고 하는 것입니다.

학생이 학생의 본분인 공부를 하지 않고 그 시간에 삶의 현장에서 산업 활동을 하고 있다면, 이유야 어찌 되었든 학생으로서의 '꼴값을 못한다'고 말할 수 있습니다. 또 부모는 어른입니다. 부모는 어른으로서 자녀들을 위하여 일을 하고 돈을 벌어 생계를 유지하고 학교에 보내 가르쳐야 합니다. 그것이 어른 즉, 부모의 책임이고 부모가 해야 할 꼴값입니다.

그런데 요즘 저는 돈을 못 벌고 있습니다. 그래서 아들들의 학비를 보태 주지 못하고 학자금 대출로 우선 해결하라고 하고 있습니다. 저는 부(父)로서의 꼴값을 못하고 있는 것입니다. 반면에 제 아들들은 자기 공부하며 아르바이트까지 하고 있으니, 꼴값을 잘하고 있다고 말할 수 있습니다.

또 어린이들의 꼴값은 건강하게 잘 뛰어놀고, 잘 먹고, 일찍 자고 일찍 일어나는 것이 어린이로서 할 수 있는 꼴값입니다. 만약 어린이가 뛰어놀지 않고 책상에 앉아서 공부만 한다면 부모님들은 '좋다' 하시며 "우리 애는 하루 종일 공부만 한답니다. 얼마나 예쁜지" 하며 자랑할 수 있을지 모르지만, 어린이로서 '꼴값은 못하고 있다'고 할 수 있습니다. 어린이는 어린이답게 놀아야 합니다. 그것도 건강하고 신나게 잘 놀아야 합니다. 이것이 꼴값의 의미입니다.

저자의 이메일에 '아버지의 눈물'이라는 제목으로 배달된 가슴 따뜻한 이야기가 있습니다. 이 이야기는 꼴값의 의미를 가장 잘 소개해 준 글이라 할 수 있습니다.

〈아버지의 눈물〉

아들이 살 수 없는 고급 브랜드의 청바지를 본 순간, 아버지는 이상한 생각이 들어 아들을 다그쳤다.

"어디서 난 옷이냐? 어서 사실대로 말해 봐라."

자신은 환경미화원이고 아내는 작은 고물상을 운영하고 있기에, 아들이 그런 큰돈을 쓸 수 있을 리 없었다. 결국 아들은 사실을 털어놓았다.

"죄송해요. 버스 정류장에서 지갑을 가져왔어요."

아버지는 그만 자리에 털썩 주저앉고 말았다. '내 아들이 남의 돈을 훔치다니……' 아버지가 정신을 가다듬고 말했다.

"환경이 어렵다고 잘못된 길로 빠져서는 안 된다."

아버지는 눈물을 흘리며 아들의 손을 꼭 잡고 경찰서로 데려가 자수를 하게 했다. 자식의 잘못을 감싸기만 바쁜 세상에 뜻밖의 상황을 대면한 경찰은 의아해하면서 조사를 시작했다. 경찰 조사 과정에서 아들의 범죄사실이 하나 더 밝혀졌고, 결국 아들은 법정까지 서게 되었다. 그 사이 아버지는 아들이 남의 돈을 훔친 것에 가슴 아파하다가 그만 심장마비로 세상을 떠나고 말았다.

재판이 열린 날, 어머니는 법정에서 울먹이면서 말했다.

"아들이 올바른 사람이 되기를 바랐던 남편의 뜻대로 안타깝지만 아들에게 엄한 벌을 내려 주십시오."

아들도 눈물을 흘렸다.

"제가 한 행동 때문에 아버지가 돌아가셨어요. 흐흐흑……."

이를 지켜보던 주위 사람들은 모두 숙연해졌다.

드디어 판결의 시간, 판사는 입을 열었다.

"불처분 하겠습니다."

뜻밖의 판결에 어리둥절해하는 사람들에게 판사가 그 이유를 밝혔다.

"훌륭한 아버지의 뜻을 따를 것이라 믿기 때문입니다."

아버지는 아버지의 꼴로 사랑하는 아들을 바르게 가르쳤습니다. 어머니는 아내의 꼴로 남편을 뜻을 존중했고, 어머니의 꼴로 아들을 용서하지 않았습니다. 아들은 아들의 꼴로 부모님의 뜻에 순종했으며, 판사는 단순히 죄의 유무만 가리지 않고 젊은 청년의 미래를 위해 바른 길로 안내할 줄 알았습니다. 이들 모두 자신의 꼴값에 충실한 사람들입니다.

2015년 12월 어느 날부터 발견되기 시작한 아동학대와 살해 및 시체 유기 사건이 봇물 터지듯 터지면서 세상을 떠들썩하게 하고 있습니다. 인천 11살 학대받던 소녀의 탈출사건, 부천 초등생 토막 시신 사건, 부천 여중생 백골 시신 사건, 경기도 광주 큰딸 살해 암매장 사건, 부천 2개월 여아 학대 · 방치사건, 평택실종 아동 ○○이 사건 등 유사한 사건이 계속 발생하고 있고, 앞으로 몇 건이나 더 발견될지 생각만 해도 끔찍합니다. 이 모두는 부모의 꼴값을 하지 못한, 정말 부끄럽고 천인공노할 일들입니다.

그러면 꼴값을 하는 사람들은 어떤 사람들일까요? 일반적으로 꼴값을 하며 사는 사람은 상식을 잘 지키고 실천하는 사람입니다. 상식을 잘 지키고 실천하는 사람은 인성이 바른 사람이라 할 수 있습니다.

지난 2014년 9월 3일, 걸그룹 레이디스코드의 교통사고는 짧은 시간이나마 또 한 번 대한민국 국민들을 울게 만들었습니다. 그 사고로 20대 초반의 우리 딸 같고 동생 같고 누나 같은 2명의 가수를 하늘로 보내야 했기 때문입니다. 그리고 긴 시간 동안 치료를 받은 멤버들을 생각하면 너무도 안타깝습니다. 당시 운전자는 차량의 바퀴가 빠지면서 사고로 이어졌다고 했는데, 경기 용인서부경찰서 국립과학수사연구원 정밀 감식 결과 "레이디스코드가 탑승한 그랜드 스타렉스 승합차 차체에는 문제가 없었던 것으로 나타났다."고 밝혀졌습니다. 즉, 사고 당시 빠져 있어 차체 결함 논란이 일었던 뒷바퀴는 사고 후 갓길 방호벽을 들이받는 과정에서 빠졌다는 것이 최종 결론입니다.

이 날 운전한 분의 꼴은 운전기사입니다. 그리고 운전기사의 역할은 상식에 맞는 안전운전을 했어야 합니다. 빗길에서는 제한속도의 20%를 감속해야 하고, 폭우나 물안개 등 가시거리가 100m 이내인 경우 규정 속도의 50%를 감속 운행해야 것이 상식이고, 그것을 알기에 운전면허증을 받을 수 있었을 것입니다. 그러나 그는 그 같은 사실을 알고 있었으면서도 지키지 않았습니다. 관행적으로 빨리만 달리려 했고 그것이 사고로 이어졌기에 그는 기사의 꼴값을 못한 것입니다.

내가 꼴값하는 삶을 살기 위해서는 사람답게 살아야 합니다. 그것이 나의 꼴값을 하는 것입니다. 즉, 나에게 맡겨진 역할을 잘하며 사는 것을 말합니다.

L E T

내 이름이 부끄럽지 않아야 하며,

내 나이가 부끄럽지 않아야 하고,

내 자리가 부끄럽지 않아야 합니다

KKOLGAP

꼴값의 종류

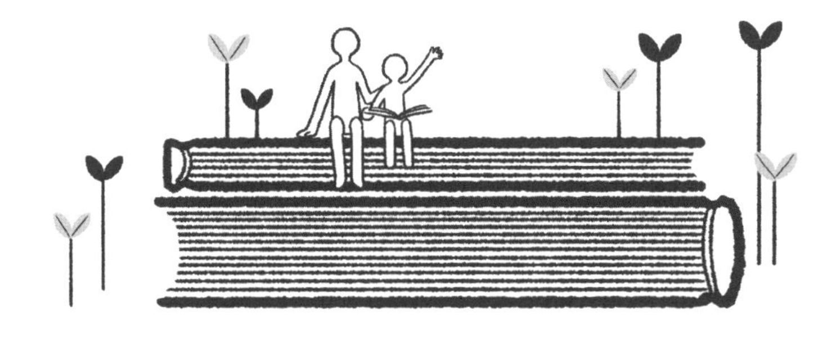

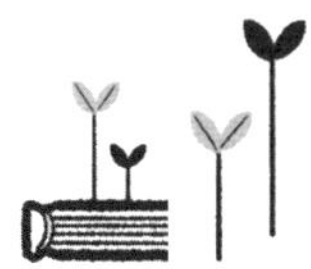

일반적으로 사람에 대한 평가는 무엇으로 합니까? 인격으로 합니다. 인격은 시험을 보고 얻을 수 있는 성적이 아닙니다. 또한 요즘 말로 고스톱 하여 따는 것은 더더욱 아닙니다. 평소에 보아 온 그 사람의 모습 즉, 됨됨이를 보고 평가하는 것입니다. 인격은 눈에 잘 보이지 않지만 사람의 내면에 모두 가지고 있습니다.

우리가 배워서 알고 있는 것을 표현하는 방법 즉, 나의 인격을 테스트 받는 방법에는 말, 글, 행동의 세 가지가 있습니다. 이 중 교육적 측면에서 상호 밀접한 관계가 있는 '말'과 '행동'을 하나로 묶어 '언행'으로 하여 언행과 '글(문자)', 이렇게 두 가지로 생각해 볼 수 있습니다. 즉, 이 두 가지가 나의 인격을 평가하는 요소가 됩니다.

이 중 언행은 가변성으로, 필요시 바꿀 수 있습니다. 방금 해놓고도 안 했다고 하면 증거가 없는 한 어쩔 방법이 없습니다. 고대

중국에서는 사람에 대한 언행(言行)적 관점에서 다음과 같이 평가했습니다. 이 기준으로 지금의 나를 평가한다면 나는 몇 등급에 해당할까요?

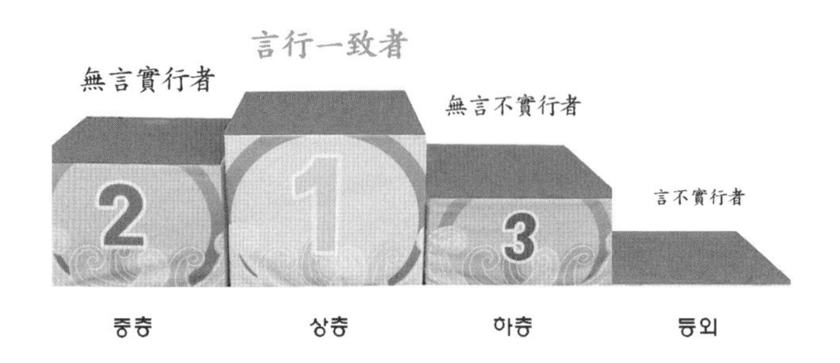

언행일치자(상층) : 말과 행동이 일치하는 사람

무언실행자(중층) : 말없이 행동하는 사람

무언불실행자(하층) : 말도 하지 않고 행동도 하지 않는 사람

언불실행자(등외) : 말하고 행동하지 않는 사람

글(문자)은 불변성으로, 한번 기록해 놓으면 인위적으로 삭제하거나 지우지 않으면 영원히 남습니다. 우리가 역사를 공부할 수 있는 것도 모두 글(문자)로 전해져 오고 잘 보관되어 있는 덕분입니다.

최근 IT산업이 발달하면서 인터넷과 스마트 폰의 활용이 잘되는 나라가 우리나라 대한민국입니다. 이제는 어느 장소에서든지 인터넷을 할 수 있고, 글을 올려 자신의 뜻을 밝힐 수 있습니다.

하지만 글을 남긴다는 것은 언제나 좋은 것만은 아닙니다. 어딘가에 흔적으로 남겨 놓은 것이 언젠가 내게 긍정적으로 작용할 수도 있지만, 때론 비수가 되어 부정적으로 악영향을 줄 수도 있습니다. 한때 축구 국가대표 한 선수가 감독을 비하하는 글을 SNS에 남긴 것이 문제가 되어 자격 논란까지 일었던 적이 있습니다. 잘못 남겨진 악성 댓글에 자살을 하거나 힘들어하는 많은 연예인 기사를 우리는 너무도 잘 알고 있습니다.

세월호 사고 이후 필자는 청와대 홈페이지 자유 게시판에 글을 올리기 위해 잠시 들어갔습니다. 청와대 게시판에 올라온 욕하고, 헐뜯는 부끄러운 글들을 보면서 제가 글을 하나 올렸습니다. 그 글을 아래에 옮겨 적어 봅니다.

금번 세월호를 통한 300여 명의 희생으로 미래의 대한민국은 더욱 긍정적으로 바뀔 수 있음을 확신합니다. 대통령(박근혜 대통령 이후 대통령 포함)을 비롯한 모든 정치인과 공무원들은 더욱 국민과 민원인을 위한 정책을 수립하고 국민이 안전하고 편안하고 행복한 나라를 만들기 위해 일할 것입니다. 저는 그렇게 믿고, 지금은 어렵지만 힘내시라는 박수를 관계자 및 대한민국 국민 모두에게 보내 드립니다.

문제는 국민의식입니다. 오늘의 대한민국의 현주소를 만든 것은 1945년 해방 이후 모든 대통령만도 아니고 특정 정치인만도 아닙니다. 그 속에는 국민이 있었습니다. 따라서 오늘의 사태가 문제라면 그 문제를 만든 장본인은 국민입니다. 또 그 문제를 해결하기 위해 수고하고 그 과정에 죽어 가는 사람도 국민입니다. 즉, 이번 사고는 우리 국민 모두에게 책임이 있고, 또 국민 모두가 지혜를 모아 문제를 해결해야 한다는 것입니다.

엊그제 난생 처음으로 청와대 자유게시판에 "국민여러분! 이제 꼴값은 하고 삽시다"라는 제목의 글을 올리고 참으로 놀랐습니다. 불과 몇 시간 만에 제

글은 아래 번호로 볼 때 20번 이후에 가 있었더군요. 이렇게 국민들이 나라 걱정을 많이 하는 줄은 미처 몰랐습니다. 그리고 그 글들 속에 우리나라의 희망적인 미래의 모습도 보았습니다.

그러나 한 가지 안타까운 것은 욕설입니다. 대통령을 욕하고, 정치인들을 욕하는 것을 말하는 것입니다. 그것도 아주 무지막지한 욕들을 보면서 너무도 안타까웠습니다. 물론 이해는 갑니다. 욕먹을 짓을 했다면 욕먹어야겠지요. 대한민국 대통령으로 국민에게 욕먹는 것 어쩌면 당연할 수도 있습니다. 왜냐하면 국민이 대통령으로 당선시켰으니 대통령답게 일하지 못하면 욕먹는 건 당연하다 하겠지요!

그런데 냉정하게 생각을 해 보십시다. 그렇게 대통령 욕하시는 당신은 그렇게 깨끗합니까? 국회의원 욕하는 당신 당신은 그렇게 완벽하게 사셨습니까? 대중교통 이용할 때나 자가용 운전할 때마다 안전띠 메었고, 다른 차량 없고 사람 없는 곳에서도 신호등 지켰습니까? 이제까지 살면서 거짓말 한 번도 한적 없고, 신(GOD) 앞에서 한 점 부끄러움 없이 살았습니까? 지금까지 시행된 모든 선거에 유권자로서 한 번도 빠짐없이 투표는 하셨습니까? 그렇게 완벽하셨습니까? 그렇다면 욕하셔도 됩니다, 마음껏 말입니다.

옛말에 똥개 눈엔 똥만 보인다고 했습니다. 혹시 당신께서 똥개는 아니시겠지요? 이제 더 이상 똥만 보지 말고 미래를 봐야 하지 않을까요?

제 기준으로 볼 때 과거 대통령을 모두 포함해서 현재 대통령까지 대통령으로서 일을 잘 못한 대통령은 분명 있습니다. 욕먹어 마땅한 국회의원도 많습니다. 관료주의에 빠져 대충대충 일하는 공무원들도 있습니다. 그러나 그들이 나의 아버지였고, 친척이었고, 형제가 아니었을까요? 지금 내가 그들을 욕하는 것은 누워서 침 뱉는 것이라는 사실을 알고는 계신지요?

그렇게 불만이 많으시면 청와대 자유 게시판에 글을 올려서 글로벌하게 나라 망신을 시키지 마시고 기초의원라도 출마해서 이 썩어빠졌고 부패한, 그래서 침몰하는 대한민국 호를 구해 볼 생각은 왜 못하시는지요. 침몰하는 국호를 보면서 팔짱만 끼고 서서 잘하네 못하네 평가만 하지 말고, 제발 뛰어들어 국민을 구해 주십시오. 우리 국민 다 죽어 가고 있습니다. 그렇게 할 용기가 없고 힘이 없다면 욕하지 않으셨으면 합니다.

물에 빠진 사람을 보면 수영할 줄 아는 사람은 구조를 위해 누구든 뛰어들어야 하는 것은 당연한 일입니다. 그것이 사람입니다. 만약 뛰어들 수 없다면 119에 전화를 해 주시든지 구조한 후를 위해 따뜻한 담요라도 준비해 주셔야 하는 것이 아닐는지요. 그 사람을 지키지 못한 부모 형제 또는 같이 온 사람들을 탓하고 욕하지 말고 말입니다. 그 사람이 물에 빠질 때, 당신은 도대체 어디서 무엇을 하셨는지요?

이제는 미래를 보아야 합니다. 오늘 나의 분수를 모르고 주제파악을 못하여 경거망동한 행동의 결과는 고스란히 우리 후배, 후손들의 몫입니다. 꼴값을 못한 것은 선배이고 조상들인데 그 결과는 우리 후손들이 당하는 것입니다. 다음에 이런 대형사고가 발생한다면 그 피해자는 바로 '나'라는 사실도 잊지 않으셨으면 좋겠습니다.

속담에 "조상 탓한다."고 하지요. 저는 이번 세월호 침몰을 보면서 그 속담은 딱 맞는 이야기라고 결론을 내립니다. 조상들이 잘못 만들어 놓은 관행의 문화, 무사안일, 관치, 대충대충이 만든 결과이기 때문입니다. 우리 조상들이 잘못하였고 잘못 가르친 결과입니다.

이제 우리 살아 있는 국민 모두가 우리의 후배들에게 다시 조상 탓하는 문화가 아닌 조상 덕분에 잘 살고 있다는 평가를 받아야 하지 않겠습니까? 또 제 글에 악플을 다는 분도 계실 수 있겠습니다만, 지금은 누구의 잘못을 탓할 때가 아니라, 내가 무엇을 해야 하나를 먼저 생각해야 할 때라고 생각합니다.

- 2014.05.20 청와대 자유게시판에 올린 글

그리고 아래 사진은 제가 올린 글에 대한 댓글입니다.

박형석 2014-05-20 11:12:11 삭제
님이 똥개요.

이승진 2014-05-20 11:11:41 삭제
브라보~ ㅋ

김신옥 2014-05-20 11:18:12 삭제
박형석 너 아직 안 떠나고 여기저기 쉬 젖고 다니아 쓰레기 잡종

이승진 2014-05-20 11:30:50 삭제
김신옥 너나 떠나라~ 지구를 ㅋ 욕쟁이 할매? 할배?

이렇게 글(문자)은 남습니다. 댓글을 달아 주신 세 분을, 저는 뉘신지 모릅니다. 하지만 이왕 남겨 놓는 것, 좋은 모습으로 발전적인 모습으로 남겨 놓을 수는 없는 것일까요? 댓글 달아 놓은 것을 그대들의 후손들이 보면 할아버지 할머니를 어떻게 평가할까요? 나의 바르고 옳은 모습을 제대로 평가받기 위해서 언행일치와 글은 내가 인격자인지 아닌지를 평가하게 되는 중요한 도구가 된다는 사실을 잊지 않으셨으면 하는 생각입니다.

내가 평가받는 꼴값

사람들에게 나를 평가받는 꼴값은 바로 이름, 나이, 자리입니다.

우리나라 스포츠 선수 중에 전 세계에 이름을 알림으로써 국위선양을 하여 세계인의 기억 속에 'KOREA'란 나라 이름을 드러냄과 동시에 자신의 이름을 알린 사람이 있다면 누가 있을까요? 많은 분들이 김연아 피겨스케이팅 선수, 박태환 수영선수, 장미란 역도선수, 손연재 리듬체조 선수, 이상화 스피드스케이팅 선수, 그리고 박지성 축구 선수를 떠 올리고 기억할 것입니다.

또한 연세 드신 분이라면 한때 독일에서 활약했던 차범근 축구선수도 기억할 것입니다. 이들은 모두 스포츠맨이라는 공통점을 가지고 있습니다. 또 요즘처럼 한류가 대세인 상황에서는 연기자 배용준, 이영애, 김수현, 전지현 등과 가수 싸이, 원더걸스, 소녀시대, 빅뱅 그리고 조용필까지, 이들의 이름 또한 전 세계 많은 사람들이 알고 기억하고 있습니다.

이분들은 모두 부모님께서 지어 주신 이름 세 자를 그리고 자신이 속한 연예기획사를 전 세계에 알려 부모님과 가족 친지 그리고 회사를 뿌듯하게 한, 가문과 회사를 빛낸 사람들입니다. 이들은 자신의 이름값을 한 사람들입니다.

수도권 전철에서 가끔 엄마 손을 잡고 서 있는 어린아이에게 자리를 양보하시는 어른을 봅니다. 또는 젊은 임산부에게 좌석을 양보하는 어르신들을 봅니다. 학교 등교길에 학생들을 향해 먼저 인사하시는 선생님을 본 적이 있습니다. 직장에서 출근길에 상사가 부하 직원에게 먼저 '좋은 아침' 하고 인사하는 모습을 봅니다. 이들의 공통점은 나이가 많거나 지위가 높은 사람이 먼저 양보하거나 인사했다는 것입니다. 어른이라고 당연히 대우받으려 하지 않았고, 인사 받으려 하지 않았습니다.

故한주호 준위는 2010년 3월 천안함이 침몰하여 46명의 승조원이 실종되었다는 소식에 작전 지원부서에 재직 중이면서도 잠수부분 베테랑으로서 그냥 보고만 있을 수 없었습니다. 그는 구조임무에 자원하여 52세라는 나이에 아랑곳하지 않고 주변의 만류에도 불구하고 청년 대원들이 더 위험할 수 있다는 판단으로 솔선하여, 높은 파고와 낮은 수온 그리고 인간의 한계를 넘어선 깊은 침몰 수심 등의 악재에도 쉬지 않고 반복적인 목숨을 건 잠수수색을 하다 끝내 주검으로 돌아왔습니다. 나이 많은 선배라고 물러나 있지 않고 적극적으로 후배들을 위해 뭔가 했다는 것입니다. 이들은 모두 나잇값을 한 것입니다.

2013년 7월 6일(현지시각), 아시아나항공 B777기 OZ214편이 미국 샌프란시스코공항에서 착륙사고를 냈을 때 헌신적으로 승객 대피에 나선 승무원이 있었습니다. 작은 소녀 같은 체구의 승무원은 기내를 돌아다니며 부상자들을 구하기 위해 눈물을 흘리면서도 승객을 등에 업고 뛰어다니는 등 침착한 모습을 잃지 않았다고 합니다. 이 승무원은 아시아나항공의 이윤혜 씨입니다. 그녀는 끝까지 비행기에 남아 승객을 대피시키는 데 최선을 다했고, 의료진의 권유에 따라 마지막으로 병원에 간 것으로 전해졌습니다. 이윤혜 씨는 자신에게 맡겨진 역할에 대해서 최선을 다한 사람입니다. 즉, 자신의 위치에서 맡는 역할 즉, 자릿값을 충분히 한 사람인 것입니다.

이처럼 사람은 이름값, 나잇값, 자릿값의 세 종류로 구분하여 타인에게 자신의 인격을 평가 받습니다. 이것을 사람의 꼴값이라고 하는 것입니다.

이름값

옛글에 "豹死留皮 人死留名(표사유피 인사유명)"이라 했습니다. 이 말은 '범은 죽어서 가죽을 남기고 사람은 죽어서 이름을 남긴다'는 의미입니다. 이름은 부모님께서 주신 최초의 선물입니다. 따라서 자녀에게 선물을 주면서 나쁜 의도로 선물을 주는 경우는 아마 한 분도 없을 것입니다. 최소한 이름의 의미를 부여하여 당신의 자손이 그 이름대로 살기를 바라고 기대할 것입니다.

제 아들들의 이름은 형진(亨眞), 형원(亨圓)입니다. 형진이의 이름에는 진실되게 살라는 의미를 부여했고, 형원이의 이름에는 세상을 모나지 않고 둥글둥글 살라는 의미를 주었습니다. 그러면 최소한 형진이는 인생을 진실하게 살도록 노력하고, 형원이는 원수 맺는 사람 없이 둥글게 살도록 노력하며 사는 것이 부모님이 바라는 이름값입니다. 이 두 아들이 현재까지는 그 이름값을 잘하며 살고 있습니다.

인터넷에 올라온 글 중에 '2009년 개명 신청자'라는 제목의 글을 보게 되었는데, 여기서 소개된 이름을 가지고 사시던 분들이 최소한 이름값을 하기 위해서 김솔로 님은 평생 결혼하면 안 됩니다. 결혼하면 부모님의 뜻을 거스르는 것입니다. 마대리 님과 마부장 님은 더 이상 승진하면 안 됩니다. 임신혜, 임신중 님은 자녀가 귀한 가정에서 태어나셨나 봅니다. 이 두 분은 낳을 수 있을 때까지 자녀를 낳는 것이 이름값을 하는 것이고, 선택중 님은 평생 선택만

하다 말 것 같습니다. 또한 간강범 님은 성범죄자가 되어야 할 것 같고, 문지기 님은 고위급 자리는 생각도 하지 말고 경비원이나 해야 할 것 같습니다.

귀한 이름을 가지셨던 분들께 송구합니다. 이분들의 이름을 욕되게 하려는 생각은 전혀 없습니다. 혹시 불편하셨다면 용서하십시오. 필자가 모르는 이런 이름에 얽힌 사연이나 한문으로 깊은 뜻이 있을 것입니다만, 표면적으로 보이는 이름만으로 느끼는 이름값은 그렇게 살아야 한다는 것입니다.

그 이름을 빛나게 하고 그 의미대로 사는 것이 이름값 하는 것이고, 부모님을 기쁘게 하는 것이고, 효도하는 것이며 자녀들을 자랑스럽게 하고 애국하는 것입니다. 우리는 우리의 이름을 빛내 가문의 영광을 만들지 못할지언정 최소한 범죄자가 되어 부모님을 부끄럽게 하지는 말아야 합니다.

국민의 지지를 받던 국민총리 후보자가 또는 장관 후보자가 낙마하는 경우를 종종 봅니다. 그분들은 지금까지 알려진 사실과 다르게 당신의 이름에 치명적인 오점을 남기고 말았습니다. 지금까지 존경받던 이름 세 자가 이름값도 못하는 이름이 되고 만 것입니다. 이름값은 어느 한순간 이루어지는 것이 아닙니다. 지금부터 서서히 그 값을 위한 행동을 해야만 합니다.

다시 떠올리고 싶지 않은 대형 사고였지만, 지난 2014년 4월 16일 발생한 세월호 침몰 사고를 통해서 우리가 잊지 말고 교훈 삼아야 할 일들이 참 많이 있습니다. 그중에 반드시 잊지 말고 기억해야 할

10명을 소개합니다. 이들은 모두 유명한 사람은 아니었습니다. 하지만 마지막 순간에 동료를 위해 승객을 위해 구조 활동을 하다 본인들은 끝내 주검으로 돌아오며 이름을 남긴, 이름값 충분히 한 작은 영웅들입니다.

정차웅(18 · 남) 단원고 학생, 남윤철(35 · 남) 단원고 교사, 최혜정(24 · 여) 단원고 교사, 박지영(22 · 여) 세월호 승무원, 양대홍(45 · 남) 세월호 사무장, 고창석(40 · 남) 단원고 교사, 양온유(17 · 여) 단원고 학생, 최덕하(17 · 남) 단원고 학생, 김기웅(28 · 남) 세월호 아르바이트 직원, 정현선(28 · 여) 세월호 승무원

정차웅 군은 당시 자신이 입었던 구명조끼를 친구에게 벗어 주고 자신은 끝내 주검으로 돌아왔습니다. 검도 3단 실력의 유단자로 체육학도 꿈을 꾸던 정차웅 군은 친구를 구하려다가 자신은 희생됐습니다.

교사 생활 7년차였던 남윤철 교사는 침몰 마지막 순간까지 제자들의 구조를 돕다가 마침내 세월호에서 빠져나오지 못했습니다. 단원고 학생들은 남윤철 선생님을 향해 '평소 친구 같던 선생님'이었다고 회상했습니다.

대학을 과수석으로 졸업한 뒤 교사의 꿈을 이룬 2년차 최혜정 교사는 자기 일은 똑부러지게 하면서, 타인 또한 잘 챙겨 주는 사람이었으며, 10여 명의 학생을 구출하는 등 자신의 첫 제자들을 지키려고 하였습니다. 카카오톡으로 제자들에게 "걱정하지 마. 너희부

터 나가고 선생님 나갈게."라며 학생들을 구조하였지만, 정작 본인은 주검으로 돌아왔습니다.

박지영 승무원은 배가 침몰하자 4층 로비에서 학생들에게 구명조끼를 전달하였습니다. 한 한생이 "언니는 (구명조끼)안 입어요?"라고 물어보니 "선원들은 맨 마지막이다. 너희 친구들 다 구해 주고 난 나중에 나갈게."라고 말하였습니다. 선내방송을 하며 학생들에게 뛰어내리라고 소리 쳤습니다. 홀어머니, 여동생과 생활하며 생계를 도와주었고 평소에 인사성이 밝고 배려심이 많았다고 합니다. 그녀는 승무원 중 첫 번째 희생자가 되어 돌아왔습니다.

세월호 양대홍 사무장은 배가 침몰하는 순간에 아내와 전화통화하면서 "수협 통장에 돈이 좀 있으니 큰아들 학비 내라. 지금 아이들 구하러 가야 한다."며 서둘러 통화를 마쳤고, 이후 영영 돌아오지 못할 길을 가고 말았습니다.

고창석 교사는 체육과목을 지도하셨고 탈출을 돕다가 정작 자신은 배에서 빠져나오지 못했습니다. 생존한 제자들은 "선생님은 목이 터져라 소리를 치시며 우리의 탈출을 도왔다."고 말했습니다.

양온유 양은 사고 직후 갑판까지 올라왔습니다. 계속 갑판에 있었다면 헬기로 충분히 구조될 수 있었지만, 선실에서 친구들의 울음소리를 듣고 구명조끼를 입지 않고 다시 선실로 갔습니다. 어려운 가정 형편에 도움을 주고자 2013년 12월부터 편의점 아르바이트를 하기도 했습니다. 음악 치유 전문가가 되겠다며 서울대 진학을 목표로 하였고 2학년 2반 반장을 맡기도 했습니다. 2014년 2학년 대표 선거를 준비했는데 친구가 출마한다는 말에 양보할 정도로 착하고 쾌할 하고 얼굴도 마음도 예뻤다는 온유 양은 끝내 시신으로 돌아왔습니다.

최덕하 군은 세월호 승무원보다도 먼저 배가 침몰하는 것 같다고 해경에 신고하여 172여 명의 생명을 살렸지만, 정작 자신은 숨지고 말았습니다.

끝으로 김기웅 씨와 정현선 씨는 커플로, 그 해 가을 결혼을 약속한 사이였습니다. 정현선 씨는 탈출 못한 승객을 찾아 다시 선실로 들어갔고, 김기웅 씨는 승객들에게 배 밖으로 나라가며 소리치고 구조 활동을 하였습니다. 이들도 주검으로 돌아왔습니다.

이들 10명은 비록 세월호 침몰과 함께 운명을 달리했지만, 의사자(義死者) 지정 여부와 관계없이 의사자로 기억될 것입니다. 그리고 이들의 이름값은 역사와 함께 영원할 것입니다. 비록 유족들은 그들의 죽음에 슬퍼하지만, 그래도 부끄러운 죽음이 아니라는 사실에 일부 뿌듯함과 자랑스러움도 있을 것입니다.

그리고 지금도 많은 사고 현장에서 그 이름을 빛내고 있는 이들이 참 많습니다. 여기 죽어서야 비로소 자신의 가문과 자신의 이름을 빛낸 작은 영웅이 있어 소개합니다. 그는 바로 당대 최고의 노름꾼 김용환(1887~1946)입니다.

양반집의 자손으로서 집안의 재산을 몽땅 털어먹는 난봉꾼인 그는 퇴계의 제자이자 영남학파의 거두였던 학봉 김성일(1538~1593) 종가의 13대 종손으로, 구한말 경상북도 북부 지역의 핵심 지도자로 안동의 전기 의병을 이끌었던 서산 김흥락의 손자이며 안동 독립운동가 가문 3대를 지켜 낸 김락 여사의 맏사위이기도 합니다.

그는 초저녁부터 노름을 하다 새벽이 되면 판돈을 모두 걸어 마지막 승부수를 겁니다. 돈을 따면 조용히 돌아가고 돈을 잃게 되면 어김없이 외치는 한마디가 있었으니 그것은 바로 "새벽 몽둥이야!"였습니다. 그때 몽둥이를 든 그의 수하들이 현장을 덮쳐 난동을 부리는 사이, 그는 판돈을 챙겨 유유히 사라지곤 했습니다.

심지어 시집갈 외동딸의 시댁에서 혼수 장만을 위해 보내온 돈마저 가로채 탕진하였으며, 대대로 이어 온 종갓집과 논과 밭, 현재 시가로 약 200억 원의 전 재산을 다 날리고 해방 다음 해 1946년 4월 26일에 세상을 떠납니다.

그러나 훗날 밝혀진 반전의 비밀이 있습니다. 노름으로 탕진한 줄만 알았던 재산은 고스란히 독립자금으로 보내졌습니다. 일제의 감시를 피하기 위해 철저히 노름꾼으로 위장해 독립운동 자금을 지원한 것입니다.

그가 독립운동을 시작하게 된 이유는 사촌인 의병대장 김회락을 숨겨 줬다가 발각돼 일본 경찰에 의해 종가 마당에 꿇어앉는 치욕을 겪으면서도 독립운동을 했던 할아버지 김흥락를 목격하고 큰 충격을 받았습니다. 그때 어린 김용환은 "빼앗긴 나라를 반드시 되찾겠다."고 다짐합니다.

조국의 독립을 위해 한평생 뒤집어쓴 '파락호'라는 불명예를 가지고 숨을 거두기 전, 그의 존재를 잘 아는 오랜 친구는 "이제는 말할 때가 되지 않았는가?"라고 명예 회복의 길을 권하지만, 그의 마지막 대답은 "선비로 마땅히 할 일을 했을 뿐 아무런 말도 하지 말게."였습니다. 그리고 결국 사진 한 점조차 남겨 놓지 않고 이승을 떠났습니다.

광복 50주년인 1995년, 김용환(1887~1946)은 건국훈장 애족장에 추서되었고, 김용환의 무남독녀 외딸인 김후웅 여사는 1995년 아버지 김용환의 공로로 건국훈장을 추서 받습니다. 김용환의 나라 사랑하는 마음과 실천으로 보여 준 행동이야말로 우리가 본받아야 할 꼴값이고 이름값입니다.

'김유정역'의 주인공, 김유정을 아십니까? 1908년 2월 12일 강원도 춘천의 실레마을에서 태어난 김유정은 어려서부터 몸이 허약하고 자주 횟배를 앓았으며 말더듬이었습니다. 그런 그가 1933년에 서울로 올라간 후, 고향의 이야기를 소설로 쓰기 시작합니다. 1933년 처음으로 잡지 『제일선』에 「산골나그네」와 『신여성』에 「총각과 맹꽁이」를 발표한 그는 1935년 소설 「소낙비」가 조선일보 신춘문예 현상모집에 1등 당선되면서 떠오르는 신예작가로서 구인회 후기 동인으로 가입합니다. 이듬해인 1936년 폐결핵과 치질이 악화되는 등 최악의 환경 속에서 작품 활동을 벌이던 그는 1937년 다섯째 누이 유흥의 집으로 거처를 옮겨 죽는 날까지 작품 활동을 멈추지 않았습니다. 그리고 그의 사후 1938년, 우직하고 순박한 주인공들 그리고 사건의 의외적인 전개와 엉뚱한 반전과 육담적인 속어가 녹아 있는 김유정의 단편집 「동백꽃」이 출간되었습니다.

김유정의 소설 속 배경은 실레마을입니다. 마을 전체가 김유정의 「봄봄」, 「동백꽃」 등 여러 작품의 무대인 실레마을을 우리의 소중한 문화유산으로 가꾸기 위해 2004년 12월 1일부터 역명을 '김유정역'으로 바꾸게 되었습니다. 김유정역은 간이역입니다. 이 작은 시골역이 세상에 알려진 것은 MBC 드라마 〈간이역〉을 통해서입니다.

이 김유정역을 중심으로 현재는 많은 관광객들이 몰리고 있고, 실레마을에서 장사하시는 분들 또한 김유정 작품에 나온 명칭으로 상호를 사용하고 있습니다. '김유정'이라는 이름이 실레마을 사람들을 먹여 살리고 있다고 해도 과언이 아닙니다. 김유정과 실레마을은 역사 속에 영원할 것입니다. 그리고 그 마을 주민들에게 김유정은 마을 선배로서 후배들에게 충분히 이름값을 하고 있는 것입니다.

2015년에 대한민국 국민들에게 좋은 이미지로 기억된 사람을 꼽으라면, 필자는 차두리 선수를 꼽고 싶습니다. 결코 적지 않은 나이임에도 축구 국가대표로 선발되어 경기에서 열심히 뛰었습니다. 많은 팬들이 그의 대표팀 은퇴를 반대했지만, 그는 박수칠 때 떠났습니다. 차두리 선수가 대한민국 사람이라면, 아니 전 세계 축구를 좋아하는 사람이라면 누구나 아는 차범근 전 국가대표팀 감독의 아들입니다.

아들 차두리 선수에게 아버지는 거대한 산이었을 것입니다. 그리고 차범근의 아들로 사는 것조차도 쉽지 않았을 것입니다. 잘해도 아버지를 넘기는 쉽지 않았을 것입니다. 그러나 그는 그의 이름이 부끄럽지 않게 아버지와 어머니를 기쁘게 했습니다. 축구선수

차두리로서 당당히 성공한 것입니다. 차범근의 아들로서 부끄럽지 않은 축구 인생을 성공적으로 마무리하고 있는 것입니다.

내 이름이 부끄럽지 않기 위하여

필자에게는 이름값 못하고 살았던 부끄러운 과거가 있습니다. 고등학교 1학년 겨울 방학에 자격증 필기시험에 합격하여 학교에서 난리가 났습니다. 1학년이 합격했다고 말입니다.

그 기쁨과 환희도 잠시뿐, 실기 시험을 보려면 실기 실습 재료비를 학교에 내고 실기 시험 준비를 해야 했습니다. 그러나 실습비 낼 돈이 없을 정도로 가난했던 저는 고민 끝에 당시 교회를 다니기 시작한 지 1년쯤 지난 시점임에도 불구하고 학생부 지도교사였던 박상홍 선생님께 5만 원만 빌려달라고 부탁을 드렸습니다.

지금 와서 생각해 보면 농사를 지으시는 선생님께서도 당시 2월인지라 돈 구하기가 쉽지 않으셨던 듯, 돈을 내야 하는 전날 밤 늦은 시간에 가지고 오셨더군요. 다행히도 선생님의 도움으로 저는 자격증을 취득했고, 졸업하면서는 국내 대기업에 공채로 입사할 수 있었습니다.

좋고 큰 회사에 입사를 해서 선생님께 빌린 돈 먼저 상환을 했어야 했는데 입사 2개월 만에 군에 입대하고, 전역 후 복직한 지 1년 만에 결혼을 하고 처자식과 먹고살다 보니 선생님께서 빌려주신 5만 원을 잊고 살았습니다.

그리고 그 사실을 깨달았을 때는 5만 원을 들고 찾아뵙기는 너무 오랜 세월이 흘렀고, 찾아뵙기도 부끄러웠습니다. 그래서 어떻게 상환을 해야 할까를 고민하다 결단을 내렸습니다. 저와 잘 아는 지인께서 경제적 어려움으로 고등학교 입학을 앞둔 딸의 등록금을 못 내고 있다는 소식을 듣고, 그 학생의 등록금과 일부 교복 준비에 보태도록 50만 원을 보내 드린 것입니다.

그리고 박상홍 선생님께 연락을 취해 감사 인사와 일찍 상환하지 못한 것에 대한 용서를 구하고, 그 돈을 상환하는 것이 쑥스러워 대신에 학생 등록금으로 보냈다고 말씀을 드렸습니다. 그랬더니 선생님께서 오히려 고맙다고 잘했다고 하시더군요. 그렇게 저는 자칫 그 선생님의 기억 속에 은혜도 모르는 이름값도 못하고 사는 놈으로 기억될 뻔했는데, 20년이 넘어서야 그 부담을 덜 수 있었습니다. 이 지면을 통해 다시 한 번 박상홍 장로님께 감사 인사 올립니다. 감사합니다.

나잇값

명심보감 존례편에 "老少長幼 天分秩序 不可悖理而傷道也(노소장유 천분질서 불가패리이상도야)"라 했습니다. '늙은이와 젊은이, 어른과 어린이는 하늘이 정한 질서이니 사물의 바른 도리를 어기고

도를 상하게 해서는 안 된다.'는 의미입니다. 나이는 하늘이 내려 준 질서입니다.

"上濁下不淨(상탁하부정)"이란 말도 있습니다. 그 의미는 윗물이 흐리면 아랫물도 깨끗하지 못하다는 의미로, 우리 속담에 윗물이 맑아야 아랫물이 맑다는 의미입니다. 이것은 모두 나잇값과 관계가 있습니다. '장유유서(長幼有序)'란 말도 아시지요? 이 또한 오륜(五倫)의 하나로, 어른과 어린이 또는 윗사람과 아랫사람 사이에는 지켜야 할 차례와 질서가 있음을 이야기하는 것입니다.

이처럼 동양에서는 순서, 질서를 중요시합니다. 그런데 그 질서라는 것이 '좋은 것은 어른이 먼저, 젊은이는 나중' 이런 의미가 아닙니다. 유리하든 불리하든 어른이 먼저 하는 모습을 보여 줌으로써 젊은이들이 따라서 배운다는 것에 무게 중심이 있는 것입니다.

지난 2014년 8월 26일, 롯데와 삼성의 경기가 부산 사직구장에서 열렸습니다. 그런데 이날 시구는 기존의 패러다임을 깨고 평소 야구장에서 청소하던 미화원 김청자 여사님께서 했습니다. 이날 김 여사님이 시구자로 나서게 된 이유는 이렇습니다.

2014년 8월 6일 롯데와 NC와의 사직 경기가 있었던 날, 한 여성 팬으로부터 구단에 미담에 대한 제보가 들어왔는데, 제보 내용은 1루 쪽 화장실에서의 목격담입니다. 한 아이가 바지에 변을 본 것 같고 그 아이의 어머니는 속옷은 벗겨 버리고 바지만 입히려 했습니다. 마침 이 모습을 옆에서 지켜본 청소 미화원 김청자 여사님은 "아이에게 속옷 없이 바지를 바로 입히면 좋지 않다."며 대변이 묻어 버려진 속옷을 가져다 직접 손으로 빨아 아기 어머니에게 주었다는 것입니다. 구단 측은 미화원 김 여사님의 따뜻한 행동을 팬들과 공유하기 위해 SNS에 사연을 소개하면서 네티즌들의 큰 반향을 불러일으켰습니다.

나잇값의 핵심은 어른(선배)은 어른(선배)다워야 한다는 것입니다. 미화원 김 여사님은 자녀를 키워 본 선배로서 선배의 나잇값을 잘 하신 것입니다. 선배로서 자녀를 키워본 경험이 있기에 그 경험을 그냥 버려두지 않고 그 경험을 살려 후배를 잘 가르친 것입니다. 그 아이 엄마는 앞으로 자녀를 키움에 있어 다시는 같은 실수를 반복하지는 않을 것입니다. 우리 후배들은 선배님들이 걸어간 길을 따라가게 됩니다. 그래서 선배들의 나잇값이 우리 후배들의 미래에 중요하게 작용하는 것입니다.

명심보감에 "孝於親 子亦孝之 身旣不孝 子何孝焉(효어친 자역효지 신기불효 자하효언)"이라 했습니다. 해석하면 "자신이 어버이에게 효도하면 자식 또한 나에게 효도한다. 자신이 어버이에게 효도를 하지 않는다면 자식이 어찌 나에게 효도하겠는가?"라는 의미입니다. 내가 자녀 앞에서 부모님께 효를 다하는 모습을 보여 줄 때, 나의 자녀들은 당연히 그렇게 하는 것인 줄 압니다. 내가 부모님께 효를 다하지 않으며 자녀들에게 효를 기대하는 것은 참으로 어리석은 기대라고 할 수밖에 없습니다.

요즘 수도권에서 대중교통을 이용하다 보면 경로석 및 임산부석을 만들어 놓은 것을 볼 수 있습니다. 다행히도 그 자리는 내 자리가 아니란 생각에서인지 몰라도, 젊은이들은 그 자리에 앉는 경우는 거의 없습니다. 그런데 그것도 문제는 있습니다. 노인들은 그 자리에만 앉아야 한다고 생각하는 것 같습니다. 그 자리가 꽉 차면 그냥 서서 가야 합니다. 연세 많으신 어르신들이 앞에 버젓이 서 계시는데도 학생들과 청년들 그리고 젊은 장년들은 모두 고개 숙여 잠을 자는 척하든지 스마트 폰에 빠져 있습니다.

물론 필자도 그 무리 속에 한 명임에 틀림없습니다. 젊은 직장인은 업무로 피곤하고, 청소년들은 공부에 지쳐 있다는 생각을 하면 조금은 이해가 됩니다. 그렇다고 해도 노인들을 위해 자리에서 일어나는 수가 극소수라는 것은 '우리 교육에 심각한 문제가 있지 않은가?' 하는 생각을 하게 합니다. 나중에 내가 나이 먹었을 때를 생각해서 보험 든다고 여기고 얼른 노인들께 자리를 양보해야 하지 않을까요?

왜 어르신들에게 자리 양보를 하지 않을까요? 도대체 무엇이 문제일까요? 어른들이 잘못 가르친 것입니다. 아니, 더 정확히 이야기하면 양보하는 모습을 보여 주지 않은 것입니다. 그의 자녀들에게, 후배들에게, 제자들에게 보란 듯이 자리 양보하는 모습을 보여 주지 않은 것입니다. 아니, 어쩌면 학교에서 가르침대로 자리를 양보하려고 하면 오히려 부모들이 '너도 힘드니 그냥 앉아 있어.'라고 눈치를 주었을지도 모릅니다. 그 모습이 요즘 우리 젊은이들의 모습입니다. 물론 일부이기는 합니다. 양보 잘하는 젊은이들 또한 많이 있습니다.

자리를 양보하지 않는 젊은이들을 보면 어르신들은 한마디씩 하십니다. "요즘 애들은 어른 공경할 줄 몰라! 영 싸가지가 없어." 이렇게 말입니다. 이때 '요즘 애들'이라는 말을 살펴보겠습니다. 도대체 요즘 애들이란 누구를 말하는 것일까요? 80세 어르신에게 요즘 애들은 70대일 겁니다. 70대에게는 60대가 요즘 애들일 겁니다. 그렇게 생각해 보면 60대는 50대를, 50대는 40대를, 40대는 30대를 요즘 애들이라고 할 것입니다. 그러면 요즘 애들 아닌 연령이 있을까요? 결국 우리 모두는 요즘 어른이자, 요즘 애들인 것입니다.

나잇값 하는 선배의 아름다운 모습

2014년 10월 18일 13시경, 수원에서 강남을 가기 위해 세류역에서 1호선 전철을 탔습니다. 기분 좋게도 빈자리가 있어 자리에 앉았습니다. 수원역에서 어르신들이 타시면 다시 일어나야 하지만, 잠깐만이라도 앉고 싶었습니다.

그 행복은 정확히 3분! 전철이 수원역에 도착하고 손님들이 우르르 타시더니, 이내 내 앞에 한 할아버지가 서 계신 것이 아닌가요? 그래서 조금도 주저함 없이 제자리를 양보하고 그 어르신을 앉게 했습니다. 요즘 허리디스크가 있어 앉아 가고 싶은 마음도 있었지만, 후배들 보는 데서 어른께 자리를 양보하는 모습을 보여 주며 가르치고 싶은 마음이 있었던 것도 사실입니다.

전철이 한두 정거장 더 가고 또 다른 손님들이 내리고 타고를 반복하고는 갑자기 또 다른 할아버지께서 내 등쪽으로 넘어지는 듯 '아이쿠' 하시며 나를 잡더니 이내 바로 서셨습니다. 나는 순간 내 앞좌석에 앉은 사람을 바라보게 되었는데, 그는 여자 청년이었습니다. 머릿속에서는 '저! 할아버지에게 자리 양보 좀…….' 하고 말했지만, 차마 입 밖으로 내지는 못했습니다. 그런데 제가 할아버지께 자리 양보한 모습을 보고 그랬을까요? 그 청년이 일어나며 "여기 앉으세요." 하는 것이 아닌가요! 마음속으로 그 청년이 고맙고 대견했습니다. 그리고 속으로 '고맙습니다'라고 인사했습니다. 요즘 보기 드문 청년의 자리 양보였기에, 그 모습에 나는 속으로 빙그레 웃었습니다.

전철을 금정에서 당고개행으로 환승을 하고 사당을 향해 달려가고 있을 때 이미 열차 안은 초만원 상태로 발 디딜 틈조차 없었고, 나는 끝 노인석 자리 기둥가로 밀려 서서 가고 있었습니다. 그때 어느 정거장인지 잘 모르겠지만 두 분의 할머니들이 타셨고, 조심조심 비집고 내 곁으로 오셨습니다. 한 분은 기둥을 잡으셨고, 다른 할머니는 기둥과 거리를 두고 서 계셨습니다. 제가 "할머니 이 기둥 잡으세요."라고 말씀 드렸을 때, 노인석에 앉아 계셨던 두 분의 신사 할아버지가 일어나시며 "할머니 여기 앉으세요." 하는 것이 아닙니까? 그런데 그 옆에 앉아 계시던 할아버지도 조용히 일어나시는 것이었습니다. 덕분에 두 할머니는 "고맙습니다."인사하시며 자리에 앉게 되셨습니다.

나는 '아마도 이 할아버지들이 서로 친구 분이시고 내릴 곳이 다

와가니 일어나셨겠지' 생각했지만, 잠시 지켜보니 서로 아는 사이도 아니 것 같았습니다. 그리고 내리실 곳도 아니었음을 알아차리는 데에는 그리 오랜 시간이 걸리지 않았습니다.

두 분의 노신사의 아름다운 가르침에 내 얼굴은 빙그레 미소가 지어졌습니다. 그 모습을 많은 젊은이들이 기억했으면 좋겠습니다. 그리고 젊은이로서 죄송한 마음에 할아버지께 이렇게 인사를 했습니다. "이렇게 자리 양보하는 모습을 젊은이들이 봐야 합니다." 그랬더니 할아버지는 그냥 '허허' 웃으셨습니다. 이 두 할아버지들은 어른이라는 이름으로 젊은이들에게 가르침을 주신 '나잇값' 하고 계신 것입니다.

'냉수도 위아래가 있다'는 말은 차갑고 시린 물을 어른이 먼저 한 모금 마시는 동안 조금이라도 냉기가 가시기를 기다렸다가 냉기가 가신 물을 아랫사람이 마시게 하자는 의미가 숨어 있는 것이 아닐까 생각해 봅니다. 한의사들은 냉수 마시는 것은 절대로 좋지 않다고 말합니다. 그러니 어쩌면 냉기가 가신 물을 아랫사람에게 주는 것은 어른으로서 당연히 그렇게 해야 하는 행동임을 지적하고 있는 것이라 생각합니다.

나이가 많은 사람 즉, 인생의 선배들이 살아온 길을 후배들이 따라서 걷습니다. 선배들이 만든 길이 꼬불꼬불 꼬불길이라면, 후배들은 그 꼬불길을 따라 걸어야만 합니다. 그리고 그 후배들의 후배들은 그 꼬불길을 또 따라서 걷습니다. 그리고는 투덜거릴 것입니다. "도대체 이 꼬불길은 어떤 놈이 만들었어?"라고요. 누가 만들었나요? 그들의 할아버지가 만들었습니다.

이제 모든 일에 순서는 선배가 먼저 해야 할 것입니다. 인사도 선배가 먼저 함으로 후배에게 보여 주어야 합니다. 위험한 프로젝트를 해야 한다면 망설이지 말고 선배가 먼저 앞장서서 해야 합니다. 그렇게 하면 후배들은 감동받습니다. 그리고 그 후배들은 그들의 후배에게 똑같이 아름다운 모습을 보여 줄 것입니다. 이것이 나잇값입니다. 내 나이가 부끄럽지 않게 사는 것, 그것이 나잇값입니다.

세월호 사고 수습과정에서도 나잇값 못한 사람들이 참 많습니다. 참사 현장에 실종자 가족 등에게 지급될 구호물품을 노린 도둑들이 기승을 부렸다는 소식입니다. 전남 진도군 진도읍 동외리 세월호 실종자 가족들이 모여 있는 진도체육관에서 40대로 보이는 남성 3명이 대형 탑차를 끌고 나타나, 구호물품을 나눠주는 체육관 1층 입구로 가서는 "모 방송국 취재 차량인데, 팽목항에 물품이 부족해 가져갈 테니 구호물품을 달라."고 요청했습니다. 구호물품을 나눠주던 자원봉사자 및 진도군청 관계자들은 쌀과 김, 모포, 음료 등 약 10개 꾸러미의 구호물품을 챙겨 줬고, 이들은 구호물품을 탑차 쪽으로 옮겼습니다. 그러나 수상한 낌새를 느낀 한 자원봉사자가 이들을 쫓아가 확인한 결과, 탑차 안에는 방송 장비가 아닌 구호물품이 가득했습니다. 이러한 절도범들뿐만 아니라, 일반 시민들은 빈 쇼핑백을 들고 보급소를 돌아다니며 쇼핑하듯이 구호물품으로 가방을 가득 채워 돌아가고 있으며 특히 노숙인도 보급소에서 나눠

주는 옷가지를 챙겨 가면서 정작 실종자 가족들에게 필요한 물품은 부족했다고 합니다.

참으로 나잇값 못하는 사람들입니다. 여러분도 이러한 사실에 화가 나시겠지만, 우리도 어느 부분에서는 "당신 나잇값도 못해요!"라는 소리를 듣고 있는지도 모릅니다. 누구를 욕하고 비난하기 전에 나는 정말 나잇값을 하며 살고 있는지 한번 돌아보는 시간이 필요하겠습니다.

어느 도박꾼이 있었습니다. 얼마나 도박을 좋아하는지, 재산 다 날리고 아내가 결혼할 때 해온 예물 다 잡혀먹고 이제 남은 것이라고는 쓰러져 가는 초가집 한 채뿐이었습니다. 이제 도박은 그만해야겠다고 스스로도 엄청 노력을 했습니다. 그리고 마침내 손가락도 잘랐습니다. 그런데 3개월도 못 되어 또 도박을 하는 것입니다.

눈 내리는 어느 겨울 날, 도박을 하고 싶어서 견딜 수가 없었던 그는 화투를 주머니에 넣고 마을 도박장으로 갑니다. 아내가 추위를 무릅쓰고 1주일 동안 남의 집 빨래를 해 주고 받은 돈 7만 원에서 4만 원을 가지고 말입니다. 그렇게 눈길을 걷고 있는데, 뒤에서 누가 따라오는 듯하여 뒤돌아보니 7살짜리 5대독자 아들이 따라오고 있습니다. 다음은 두 사람 간의 대화입니다.

아빠 : 니 어디 가는데?

아들 : 아빠 따라 간다.

아빠 : 니는 아빠가 어디 가는지 아나?

아들 : 응, 도박하러 간다.

아빠 : 잘 알고 있네, 아그들은 이런 데 따라오는 거 아니다.

아들 : 아니다, 내도 아빠처럼 도박하는 거 배워서 도박꾼 되어야제.

아들은 자못 진진하게 말하는 것이었습니다. 아빠는 그 자리에 털썩 주저앉았습니다. 5대 독자 아들은 다 보고 다 알고 있는 것입니다. 아빠는 그날 이후 손가락까지 잘라가면서도 끊지 못했던 도박을 끊었습니다.

인터넷을 통해 본 만화 이야기입니다. 3~4세로 보이는 여자아이가 우유가 든 컵을 들고 가서 아빠에게 내밉니다. 아빠는 아이가 우유를 더 달라고 하는 줄 알고 "더 달라고? 우유가 아직 들어 있잖아. 다 마시면 줄게."라고 말합니다. 이 아이는 실망한 듯 엄마에게 가서 또 컵을 내밉니다. 엄마도 비슷한 반응을 보입니다. "컵 바꿔 달라고? 까다롭긴, 그냥 마셔." 합니다.

이번에도 만족스럽지 않은 듯 장난감 가지고 놀고 있는 오빠를 찾아가 컵을 내밉니다. 이때 오빠의 반응은 아빠 엄마와는 완전히 다릅니다. 오빠의 반응을 보기 전에 잠시 오빠의 반응을 어땠을지 상상해서 아래에 적어 보시겠습니까?

오빠의 반응 : --

오빠는 자신이 들고 있던 장난감을 내밀어 동생 컵과 부딪히며 "건배"를 외치는 것이었습니다. 이 어린아이는 이 건배하는 모습을 누구에게서 배웠을까요? 아마도 부모님께서 맥주 한 잔 하면서 '짠' 하고 건배하는 모습을 보고 자신도 하고 싶었던 것입니다. 이처럼 후배들은 선배를 보고 인생을 배웁니다. 그래서 더욱 선배들의 나잇값이 중요합니다.

어른들이 부끄러운 모습인지도 모르고 무심코 하는 행동을 우리의 다음 세대라고 하는 청소년들이 보고 있습니다. 저들에게 나잇값도 못하는 부끄러운 아버지, 선배, 상사, 선생님은 되지 말아야 하지 않을까요?

박옥자 여사님은 현재 제부도 입구에서 '힐링펜션'이라는 조그마한 펜션을 운영하는 평범한 주부입니다. 펜션이라고는 하지만 기업형도 아니고, 그냥 예쁘게 한 채 지어 놓고 찾아오는 손님에게 최고의 서비스를 제공하는 마음씨 곱고 아름다운 우리의 어머님입니다.

필자도 동료들과 두세 번 힐링 하러 다녀온 적이 있습니다만, 누구나 여기 박 여사님이 내오시는 밥상을 보면 입을 다물지 못할 정도로 놀라운 마음에 칭찬이 자자합니다. 지역이 바닷가라지만 손수 재배하신 야채와 야생에서 뜯어 오신 각종 산나물 그리고 박 여사님께서 발휘하신 음식 솜씨와 어우러져 정말 임금님 수라상 부럽지 않을 만큼 화려하고 맛있는 전통적인 우리의 시골 밥상으로 여느 호텔 밥상 부럽지 않게 차려 주십니다.

2014년 현재 제부도 입구에 거주하신 지는 4년째입니다. 지난 어버이날을 맞아 박 여사님은 70여 명의 마을 어르신들께 추어탕으로 점심식사를 대접하셨답니다. 혼자서 감당하기에는 결코 쉬운 일이 아니었을 것입니다. 굳이 계산해 보면 1백만 원이 넘는 금액을 지출해야 하는데, 요즘 같은 불경기에 정말 큰 결심이 필요한 일입니다. 환하게 웃으시며 '맛있다, 맛있다'를 반복하셨을 어르신들의 모습이 그려집니다.

처음 시작은 마을에 홀로 사시는 어르신 반찬 해 드리는 것으로 시작을 했답니다. 한 분이 드시기에는 조금 많은 양을 해 드렸더니, 그것을 동네 어른들이 한곳에 모여서 같이 나누어 드시더랍니다. 그래서 지금은 세 분께 반찬을 해서 나누어 드리고 있습니다. 아마도 매일 점심시간이면 세 집에 동네 어르신들이 모여들어 함께 맛있는 진지를 드실 것입니다.

또 여사님은 교회에서 어르신들을 위해 매년 2회씩 떡을 해서 대접을 하고 있다고 합니다. 자발적으로 말이죠! 그리고 혹시 어느 날 당신이 하늘나라에 가거든 그 일만큼은 끊어지지 않도록 며느리에게 부탁을 했답니다. "며늘아기야, 만약 언젠가 내가 죽더라도 이 일만큼은 네가 지속적으로 실천해 주었으면 좋겠다."라고 말입니다. 그러니 며느리도 당연하다는 듯이 "잘 알겠습니다, 어머님!"이라고 흔쾌히 대답을 했다는군요.

박옥자 여사님은 고백합니다. 그렇게 어르신들을 섬긴 덕분인지, 여사님의 모친이 2014년 당시 95세이신데 병원에 가서 건강검진을 받으면 의사가 "따봉"한답니다. 그래서 또한 감사하다고 고백

합니다. 그 어머님은 97세를 일기로 2016년 4월에 하늘의 부름을 받으셨습니다.

제부도 입구에 있는 힐링펜션의 안주인 박옥자 여사님의 나잇값 하시는 모습을 후배들에게 많이 알려서 교훈이 되었으면 합니다. 고맙습니다.

2014년 5월 토요일 날씨가 참으로 화창하고 좋았던 날 A, B, C 세 사람은 청소년 10여 명 그리고 그의 부모님들과 함께 가까운 산에 트레킹을 갔습니다. 즐겁게 트레킹을 마치고 내려오는 중에 A씨가 순간적으로 외칩니다. "어머! 저거 산삼이다!" 그 소리가 좀 크게 들렸는지, 20~30미터 앞서 가시던 당시 트레킹을 안내하던 분이 "그거 장뇌삼입니다. 만지면 안 됩니다."라고 한마디 하고는 앞서서 일행들을 안내하여 내려가고 있습니다.

A씨는 혼잣말을 합니다. "저거 산삼 맞는데, 어떡하지? 장뇌삼 아닌데……." 그렇게 자꾸 혼잣말을 하며 B씨에게 산삼 맞다며 "가서 뽑아 와요." 하더군요. B씨는 어떨 결에 알겠다고 대답하고는 조심조심 다가가서 진짜 산삼이라면 뿌리가 상하면 안 되니 넓게 흙을 긁어내어 가며 조심조심 캤습니다. 그리고는 누가 볼세라 얼른 현장을 떠나며 위장하기 위해 주변에 나뭇가지를 꺾어 같이 손에 들고 가서 A씨에게 보여 주니 산삼이 맞다고 합니다.

주변에 눈도 있고 해서 우리는 얼른 감춰야겠다는 생각을 하는 찰나, 마침 C씨가 검정색 등산 가방을 메고 있는 것을 보고 불러서 가방에 넣으려 했지만 산삼 줄기가 커서 넣을 수 없어, 하는 수 없이 줄기의 반을 꺾어서 넣고는 A씨가 한마디 합니다. "이거 산삼 맞으니, 잘게 썰어서 어른들이 조금씩 먹읍시다." 그리고는 일정을 소화하느라 잊고 있었습니다.

일정을 마치고 숙소로 오니 C씨는 가방 벗어 놓고 일을 보러 간다고 자리를 비웠고, A씨와 B씨는 급히 생각이 났는지 가방에서 산삼을 꺼내 그곳에 있던 분들과 함께 구경을 합니다. 그러니 옆에서 이런저런 훈수들이 들립니다. 그냥 먹지 말고 상품 가치가 떨어졌다고 하더라도 아이들 고기를 사 줄 수 있지 않겠냐며 팔아서 다 같이 쇠고기를 먹자는 의견을 누군가가 이야기합니다.

순간 A씨는 이런 제안을 합니다. "친정어머니가 산삼 전문가이니 빨리 가서 정확히 알아보고 결정합시다." 그리고는 차를 타고 30분 거리의 친정으로 달려갔습니다. 얼마 후 B씨에게 전화가 왔습니다. "엄마가 이거 진짜 산삼 맞답니다. 그리고 줄기를 꺾지 않고 보관만 잘했다면, 1천만 원 이상 받을 수 있었답니다. 이미 상품 가치가 없으니 갈아서 어른 2~3명이 드시면 효과를 본다고 하시니, 어떻게 하면 좋을까요?"

순간 머리가 복잡해집니다. 이 산삼의 주인은 누구일까요? 아무리 상품 가치가 떨어졌다고는 하지만 '1백만 원만 받아도…….' 하는 생각이 들었습니다. 발견자는 A씨입니다. 그리고 캐 온 사람은 B씨입니다. 처소까지 안전하게 운반해 온 사람은 C씨입니다. 욕심을 부려 모두 자기 것이라고 주장하면 소송이라도 할 상황입니다.

게다가 주변에 본 사람도 많으니, 또 누가 자기 몫도 있다고 주장할지 모를 상황입니다. 어머니 말씀을 따라 야쿠르트에 넣고 갈아 어른 5명이 조금씩만 먹으면 건강에 좋을 것이라는데, 그 5명은 또 어떻게 선정해야 하는 걸까요? A씨는 또 고민에 빠집니다.

얼마 후 B씨가 있는 곳으로 돌아온 A씨는 이런 말을 합니다. "어머님께서 하시는 말씀이 '이 산삼은 네 복도 누구의 복도 아니고 그날 함께한 아이들의 복이니, 필요한 사람 있으면 저렴하게라도 팔아서 아이들 맛있는 거 먹이는 게 좋겠다. 어른들이 나잇값도 못하고 자기들이 먹는다고 하지 말고 그렇게 해.' 하시더랍니다." 역시 어른은 지혜로우십니다.

B씨는 그 뜻에 박수를 보내고 돌아왔습니다. 잠시나마 머릿속에 떠올랐던 카드대금 청구서, 대출금 이자 청구서, 앓고 있는 지병 등을 모두 날렸습니다. A씨도 사업이 어렵습니다. 팔아서 현금화 한다면 분명 도움이 될 것입니다. C씨는 남편이 허리가 안 좋습니다. 남편이 먹으면 분명 효과가 있을 것입니다. 하지만 더 이상 자기 것이라 주장하지 않고 아이들에게 맛있는 것을 사 주는 것으로 결론짓고 나니, 입가에 미소가 지어집니다. 얼마 후 이 산삼은 200만 원에 팔렸고, 그 돈으로 공동체 생활을 하는 아이들을 위해 냉장고를 샀습니다.

A, B, C 세 사람은 어린아이들 보는 앞에서 부끄럽게 자기 것이니 내가 가져야 한다고 주장하며 싸우지 않았습니다. 성숙한 어른의 모

  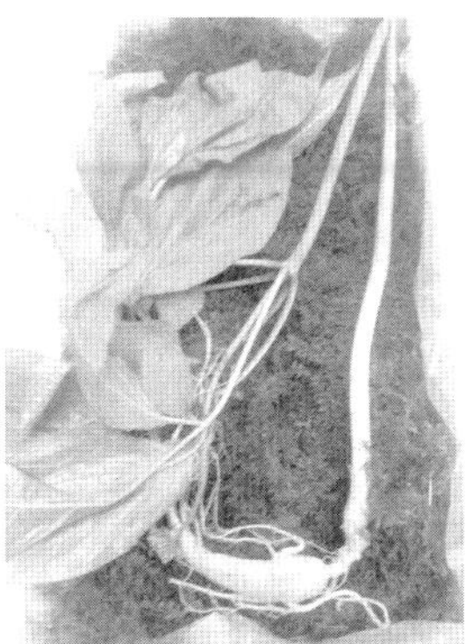

습을 보여 주신 분들께 고맙습니다. 당신들은 진정한 나잇값의 주인공입니다. 여러분도 함께 감상하시지요. 약 70~80년 된 산삼입니다.

여기 인터넷에 돌아다니는 글 중에 정확히 어느 분이 올린 글인지는 알 수 없지만, 나잇값 못하는 것이 무엇인지 분명하게 보여 주는 감동적인 글이 있어 소개하고자 합니다. 참고로 저자는 이 글을 대하며 눈물을 찔금 흘리고 말았습니다.

저는 평범한 회사 생활을 하는 34살의 회사원입니다. 용인 민속촌 근방의 회사에서 근무하다가 회사 일로 인해 서울 역삼역 근처 본사에 가게 되었습니다. 용인 회사에 있을 때에는 자가용을 이용하여 출퇴근을 하다가 막상 서울을 가려고 하니까 차도 막힐 것 같고, 또 지하철을 타자니 너무 답답할 것 같아서 오랜만에 버스를 타고 가기로 마음먹고 버스를 기다렸습니다.

서울로 가는 버스는 분당에서 많이 있기에 용인 신갈에서 오리역까지 완행으로 운행되고 있는 버스를 탔습니다. 그때가 7시 50분 정도 되었을 겁니다. 언제나 그랬듯이 버스는 만원 상태일 거라 생각했는데, 그날은 보통 때와 다르게 서 있는 사람은 3~4명 정도고 모두 앉아 있는 상태였습니다. 구성쯤 도착해서 막 출발을 하려고 할 때의 일입니다.

한 할아버지가 양손 가득 짐을 들고 버스를 간신히 탔습니다. 한눈에 보기에도 당신의 아들이나 딸에게 주려고 시골에서 가져온 식료품 같아 보였습니다. 한 10미터 정도 앞으로 전진을 했을까요? 갑자기 버스가 급정거를 하는 것이었습니다. 놀란 사람들이 모두 앞쪽을 보았습니다.

운전기사가 할아버지에게 차비가 없으면 빨리 내리라고 하고 있었습니다. 할아버지는 어쩔 줄 몰라 하며 한 번만 태워 달라고 애원하다시피 말을 하고 있었습니다. 마음속에서는 운전기사에게 어르신한테 너무한다며 뭐라고 말하고 싶었지만, 차마 입이 떨어지지 않았습니다.

그런 찰나에 초등학생으로 보이는 여자아이가 앞으로 성큼성큼 걸어갔습니다. 그리고는 가방을 내려놓고 여기저기 뒤지기 시작했습니다. 그리고 기사 아저씨한테 큰 소리로 말했습니다. "할아버지잖아요! 아저씨, 앞으로는 이렇게 불쌍하신 분들 타시면 공짜로 10번 태워 주세요."라고 말하면서 만원지폐를 돈 통에 넣는 게 아니겠어요?

순간 눈물이 핑 돌 정도의 찡함이 제 가슴을 스치고 지나가더군요. 그리고는 할아버지를 자기가 앉아 있던 자리에 모시고 가는 게 아니겠어요? 정말 제가 태어나서 이렇게도 창피했던 적이 있었나 하는 순간이었습니다. 나 아닌 다른 사람들도 같은 마음이었을 거라 생각합니다. 고개를 들 수가 없었습니다.

오리역에 다 왔을 때쯤인가 저는 만 원을 지갑에서 꺼냈습니다. 그리고는 내리는 문이 열렸을 때, 그 꼬마 주머니에 만 원 지폐를 얼른 찔러 넣고는 도망치듯 뛰어내렸습니다. 그렇게라도 하지 않으면 제 마음이 편치 않을 것 같았습니다. 반성하는 하루를 살게 해 준 그 꼬마에게 진심으로 머리 숙여 감사합니다.

운전기사의 스트레스야 충분히 이해가 되지만, 천사 같은 어린아이의 행동에 비하면 분명 나잇값을 못한게 맞습니다. 우리들의 다음 세대인 우리 후배(후손)들에게 부끄러운 모습은 보이지 말고 살아야겠습니다.

자릿값

논어 안연편을 보면 공자는 제나라 경공이 정치에 대하여 묻자 "군군신신부부자자(君君臣臣父父子子)"라고 답을 했습니다. 이 말의 뜻은 "임금은 임금다워야 하고 신하는 신하다워야 하며 아버지는 아버지다워야 하고 아들은 아들다워야 한다."입니다.

여기서 '다워야'라는 말을 필자는 '역할'이라고 바꾸어 말하고자 합니다. 임금(대통령)은 임금(대통령) 역할을, 신하(공무원)는 신하(공무원)의 역할을, 아버지(가장)는 아버지(가장)의 역할을, 아들(자녀)은 아들(자녀)의 역할을 하여야 합니다. 각자의 위치에서 자기에게 맡겨진 역할에 충실한 것, 이것이 자릿값입니다.

지난 세월호 침몰 사고와 구조 과정을 보면서 우리 한 사람 한 사람이 제자리에서 자릿값만 제대로 했더라면 사고는 없었을 것이라는 생각이 듭니다. 작금의 대한민국은 자릿값에 대해 총체적 난국입니다. 누구 한두 명의 자리를 바꾼다고 해서 해결될 문제가 아니라고 생각합니다.

눈에 띄는 선장만 나무랄 것이 아닙니다. 청해진 해운의 실소유주로 알려진 유병언을 비롯한 관계자 모두는 직무 유기 즉, 자리값을 못한 대표적인 인물들입니다. 어디 그뿐입니까? 세월호 침몰 사고 현장에서 기념촬영으로 문제가 돼 사퇴한 그분, 얼마나 시장하셨으면 유족들 다 보는 곳에서 컵라면 드셨던 그분, 구조한 인원에 대하여 할 만큼 했다는 식으로 말씀하신 그분, 마치 학부형 대표인 양 대통령 방문 시 사회를 보셨던 그분, 그리고 나는 잘못 없다는 듯 특정 사람에게 죄를 뒤집어씌우는 마녀사냥을 일삼고 있는 필자를 비롯한 우리 대한민국 한 사람 한 사람 모두 자릿값을 못한 부끄럽고 창피한 어른들입니다. 어른들이 이렇게 자릿값을 못하고 있는데, 어찌 자라나는 청소년들에게 이래라 저래라 가르치겠습니까?

명심보감에 "景行錄 云 屈己者 能處重 好勝者 必遇敵(경행록 운 굴기자 능처중 호승자 필우적)"이라 했습니다. 이 말은 '자기를 낮추(굽히)는 사람은 중요한 지위(위치, 자리)에 처할 수 있으며, 이기기를 좋아하는 사람은 반드시 적을 만난다'는 의미입니다. 따라서 어떤 위치(직위, 직책)에 있는 사람일수록 더 낮아지고 겸손하게 아랫사람들을 살피고 섬길 때, 비로소 더 중요하고 더 높은 위치(직책, 직위)로 올라 갈 수 있음을 말하고 있습니다.

자리라는 것은 현재 위치에서 자신의 역할을 말합니다. 지위가 높은 곳에 있는 사람일수록 이기려 하거나 부리려 하지 말고, 자신을 낮추어 동료들을 섬기고 양보하고 배려할 줄 알아야 합니다. 경쟁자로 생각하는 사람 앞에 더 겸손하고 배려하고 섬기는 지혜가 필요합니다. 이겨서 높은 위치에 오르려 한다면 그 경쟁자는 더 이상 선의(善意)의 경쟁자가 아니라, 반드시 적으로 만나야 하기에 더욱 곤란한 상황에 처할 수 있음을 잊지 말아야 할 것입니다.

관행적으로 해오던 일이라도 자신의 역할에 어울리지 않고 정당한 일이 아니라면 그 위치에 올랐을 때 과감히 근절해야 합니다. 더 이상 그 고리를 연장하지 말고 후배들에게 좋은 모습을 물려주어야 합니다. 그리고 그 자리에 있는 동안 책임져야 할 일이 생기면 부하직원의 등을 떠밀지 말고 자신이 책임지는 것이 그 자리에 있는 이유입니다. 그것이 바로 자릿값입니다. 자릿값 못하는 안타까운 선배로 남지 마시고 멋지게 책임지는 기억을 남겨 주시길 바랍니다.

여러분은 혹시 20여 년 전, 대한민국을 떠들썩하게 했던 지존파에 대해 기업하십니까? 사회에 일찍부터 불만을 품어 온 김기환은 1993년 4월경 학교 후배 강동은, 교도소 동기 문상록 등과 함께 전라남도 함평군 대동면에서 대학입시 부정사건에 대한 의견을 나누던 중 부유층에 대한 증오를 행동으로 나타내자는 데에 뜻을 같이하고 '지존파'라는 이름의 범죄 집단을 조직하였습니다. 그리고 그들은 1,200여 명의 백화점 고객명단을 입수하여 범행대상으로 삼았습니다. 전라남도 영광군 불갑면 금계리의 지하실 아지트에 창살감옥과 사체를 은닉하기 위한 사체 소각시설을 갖춘 그들은 성폭행 후 시체를 토막 내어 소각하는 등 4차례에 걸쳐 엽기적인 연쇄 살인행각을 벌였습니다. 결국 두목 김기환을 비롯하여 지존파 전원이 강도살인죄로 사형을 선고받았고, 교수형이 집행되었습니다.

그런데 이 사건의 시작이 자리 값 못한 한 초등학교 교사에서부터 시작되었다면 믿으시겠습니까? 여기 지존파의 두목이었던 김기환이 사형집행 전에 한 최후 진술을 들어 보겠습니다.

여러분, 죄송합니다. 지금부터 17년 전이었지요. 미술시간이었지요. 나는 그때 미술도구를 가지고 가지 못하였지요. 가난하여 살 돈이 없었습니다. 선생님이 내 뺨을 불이 날 정도로 후려치면서 말했습니다.

'이 새끼! 다음 시간에는 훔쳐서라도 가지고 와!'

그다음 시간 매 맞을 것이 두려워서 미술도구를 훔쳐서 가지고 갔지요. 그것이 저의 도둑질의 첫걸음이었습니다. 도둑질이 살인범이 되는 첫 길이었지요. 초등학교 때 선생님의 말 한마디가 제 인생을 이렇게 바꾸어 놓았습니다.

필자의 기억 속에 자릿값을 잘하신 분으로 기억되는 분은 입장초등학교 6학년 담임이셨던 방종대 은사님이십니다. 1980년 처음 담임이 되셨을 때, 선생님의 별명은 호랑이 선생님이셨습니다. 6학년이 되고 저는 그 반의 반장이 되었습니다. 어느 날 시험을 보았고, 저는 91점을 받았습니다. 그런데 성적이 나쁜 친구들 종아리를 때리시면서 저도 불러내시고는 반장의 자릿값에 어울리지 않는 점수라시며 종아리를 때리셨습니다.

그날 많이 억울했습니다. 91점이 결코 못한 점수는 아니잖습니까? 그런데 이 글을 쓰며 그때를 기억해 보니, 그때처럼 자릿값 하라고 때리시는 회초리라면 얼마든지 맞겠다는 생각입니다. 기분 나쁜 회초리가 아니라 참 고마운 회초리였다는 생각에 고개가 숙여집니다.

은사님께서는 저의 가정 형편을 아시고 신문 배달하는 저를 측은히 여기시고는 아침에 우유 배달을 시키셨습니다. 옆 반 선생님께서 젖소를 키우시며 아침마다 짜는 신선한 우유를 은사님 댁으로 배달해 달라는 것이었습니다. 지금 생각해 보면 그 신선한 우유가 정말 필요하셨을까 하는 생각이 듭니다. 제자 중학교 입학금 만들어 주시려고 일부러 그런 일을 시키신 것 같다는 생각이 문득 듭니다. 은사님 덕분에, 은사님께서 자릿값을 잘해 주신 덕분에 못난 제자가 오늘 이렇게 글을 쓰고 있습니다. 고맙습니다. 방종대 은사님!

여기서 잠시 SNS에 떠돌고 있는 자릿값 한 너무도 훌륭한 한 의사 이야기를 옮겨 보겠습니다.

한 의사가 응급수술을 위한 긴급전화를 받고, 병원에 급히 들어와 수술복으로 갈아입고 수술실로 향하고 있었다. 의사는 병원 복도에서 자기를 기다리고 있는 한 소년의 아버지를 발견했다. 의사를 보자마자 아버지는 소리를 질렀다.

"오는데 하루 종일 걸리나요? 당신은 내 아들의 생명이 얼마나 위급한지 모르나요? 의사로서 어떤 책임 의식도 없나?"

의사는 미소를 지으며 달랬다.

"죄송합니다. 제가 외부에 있어서 전화 받자마자 달려왔습니다. 수술을 시작할 수 있도록 마음을 조금만 진정해 주세요. 아버님."

"진정하라고? 만약 당신의 아들이 지금 여기 있다면 진정할 수 있겠어? 내 아들이 죽으면 당신이 책임질 거야?"

소년의 아버지는 매우 화내며 말했다. 의사는 다시 미소 지으며 대답했다.

"아들을 위해서 기도해 주세요. 분명 신의 가호가 있을 것입니다"

"자기 아들 아니라고 편안히 말하는구먼."

몇 시간 수술이 끝나고 의사는 밝은 표정으로 나왔다.

"다행히 수술이 잘되어 생명에 지장이 없을 겁니다. 더 궁금한 게 있으면 간호사에게 물어보세요."

의사는 소년의 아버지의 대답을 듣기도 전에 달려 나갔다.

"저 의사는 왜 이렇게 거만한가요? 내 아들의 상태를 묻기 위해 몇 분도 기다릴 수 없는 건지, 참……."

그러자 수술실에서 나온 간호사는 상기된 얼굴로 눈물을 보이며이렇게 말했다.

"의사 선생님의 아들이 어제 사고로 목숨을 잃었습니다. 장례 중 수술 전화를 받고 급히 들어온 겁니다. 아드님의 목숨을 살리고 장례를 마무리하려고 가신 거예요."

참 아름다운 이야기입니다. 누가 이 의사에게 손가락질하며 교만하고 건방지다고 하겠습니까? 아마도 자신의 아들을 생각하면서 수술실로 달려왔을 것입니다. 이것이 진정한 자릿값입니다. 그 병원에 있는 모든 의료인들은 이 의사의 행동을 보고 배웁니다. 그리고 그 의사처럼 사람을 먼저 생각하는 의료인이 되기 위해 노력할 것입니다. 현재 자신의 위치에서 최선을 다하는 것, 그것이 자릿값의 핵심입니다.

저자는 2014년 4월 7일 밤 10시 20분경 인천 주안에서 수원행 버스를 탑승했습니다. 그날의 막차입니다. 버스 내에는 손님은 한 분도 안 계셨고, 저는 앞자리에 앉았습니다. 자리에 앉자 기사님께서 "오늘도 수고 많으셨습니다. 늦게까지 일하시는 선생님들 덕분에 우리가 삽니다. 고맙습니다."라고 인사를 하시는 것이었습니다. 순간 생각하지 못한 인사에 저도 당황한 나머지 "오히려 기사님 덕분에 늦은 시각에도 집에 갈 수 있어서 고맙습니다."라고 조금은 형식적인 답례를 했습니다.

그 후 몇 분의 손님이 탑승하셨는데, 한 분 한 분에게 약간은 농담 같은 표현으로 손님들에게 편안함을 주시고 웃음을 주시는 모습에 감동을 받았습니다. 그뿐 아니라 안양 가는 막차를 못 탔다는 한 여자 손님에게 내릴 곳과 환승차에 대하여 매우 친절하게 설명해 주시는 것이었습니다. 성함은 모르지만 친절한 기사님 다시 한 번 고맙고 감사합니다. KD운송그룹의 이 기사님은 기사의 자릿값을 하신 것입니다.

강원도 양구군 팔랑리에서 '배꼽산촌 유학센터'를 운영하고 있는 김순자 원장은 유학생들에게 '양구 엄마'로 불립니다. 이곳에는 서울 · 인천 · 부산 등 전국의 다양한 지역에서 산촌 학교로 유학 온 10여 명의 초 · 중학교 학생들이 한 가족을 이루고 살고 있습니다.

이곳에서 또 다른 가족을 이루고 있는 유학센터 아이들은 근처의 원당초등학교와 대암중학교에 재학 중이며, 두 학교 모두 정상적인 교과과정을 진행하고 있는 산촌 학교로, 두 학교 모두 한 학년

한 반으로 편성되어 있으며 전교생이 30~40여 명 남짓합니다.

도시 부모님들은 바쁩니다. 맞벌이를 하여 돈을 벌어 자녀들 사교육비에 투자합니다. 하지만 바쁜 부모님들에게 온전한 사랑을 받지 못하는 아이들은 사교육을 핑계로 PC방 출입이나, 스마트 폰에 빠져 공부도 인성도 어느 것 하나 바른 모습으로 성장할 수 없습니다. 자녀들의 미래를 걱정한 부모님들은 당신 자녀들의 행복한 미래를 위해 산촌 유학을 결심하고, 양구 배꼽산촌 유학센터라는 지혜로운 선택을 합니다.

산촌 유학센터에서는 사교육은 없습니다. 정상적인 학교 교육이 끝나고 나면 방과 후 수업으로 취미나 특기 교육을 학교에서 진행합니다. 그렇게 마치고 유학센터로 하교하면 저녁 시간에는 생각여행, 오케스트라, 눈높이 학습지, 요리 체험, 영화 감상, 비전 꿈찾기 등의 다양한 프로그램과 주말에는 농촌 체험, 외갓집 방문, 지역의 양구여고 학생들과 함께하는 멘토링 등의 프로그램을 통해 진정한 인성교육이 진행되고 있습니다.

PC방은 주변에 없으며, 센터 생활을 잘하는 학생에게 마일리지를 주어 1시간 정도 사무실 PC를 활용할 수 있도록 하며, 스마트 폰은 학교 갈 때 가지고 갔다가 하교하고 6시부터는 사용할 수 없습니다. 물론 월 2회 집에 갈 때는 가져갑니다.

김순자 원장은 이 유학센터를 설립하고 프로그램을 운영하는 중심에 있습니다. 김 원장은 이 곳에서 20여 명의 아이들에게 어머니이며, 선생님이기도 하고, 인생 선배이며, 편안한 친구입니다. 패스트

푸드를 전혀 안 먹이는 것은 아니지만, 대부분의 먹거리, 찬거리를 지역 농산물을 애용합니다. 도시 아이들은 어머니가 "이거 산나물이야, 먹어 봐!" 하면 그러려니 하고 먹지만, 이곳 아이들은 그 산나물이 무엇인지 모두 직접 눈으로 보고 채취한 것들을 먹습니다.

이곳 아이들의 생활비는 부모님들이 보내주는데, 그렇게 보내주신 생활비에서 꽤 많은 금액을 아이들 먹이는 비용으로 지출하다 보니 경비를 결산해 보면 매달 적자랍니다. 그런데도 일부 학부형은 자녀들 생활비 조차도 보내주지 않은 분이 계셔서 더 힘들고 어렵다고 합니다. 다행히도 직원들 월급은 다른 사업에서 지원받는 수입으로 지급하고 있고, 정작 김 원장 본인의 수고비는 아직 한 번도 가져가지 못하고 있는 형편입니다. 그러는 김 원장은 가끔 행복한 불평을 합니다. "한 푼 남는 것도 없는데 내가 이거 왜 하고 있는지 모르겠어요." 이렇게 말을 하면서도 아이들이 "이거 해 주세요, 저거 해 주세요." 하면 거의 다 들어줍니다. 강의를 다녀오거나, 외부 행사를 다녀온 늦은 시간에도 아이들이 달려들어 마사지해 달라하면 한 녀석 한 녀석 다 해 줍니다. 진정으로 엄마로서의 자릿값을 다하고 있는 것입니다.

최근 세월호 사고로 어른들의 체면 제대로 구긴 대한민국 성인들, 그중에 김 원장은 자릿값을 제대로 하여 어른들의 체면을 살려준 몇 안 되는 아름다운 어른이자, 아이들의 어머니입니다. 양구 배꼽산촌유학센터 김순자 원장, 당신은 어른의 자리를 잘 지켜 자릿값을 잘하고 있는 진정한 어른입니다.

* 김순자원장과
양구배꼽산촌유학센터

반면에 지역에서 김 원장을 시샘하는 사람이 있는 것 같습니다. 한마디로 “아니면 말고” 식으로 음해하고 고발하는 사람 말입니다. 뭔가 특혜를 받고 있다고 생각하는 그분은 아마도 평생을 그렇게 남을 위해 살지 못하면서 의심하고 질투하며 살다갈 것 같습니다. 지금 김 원장은 아이들을 위해 하고 있는 일을 돈으로 보는 것이 아니고 교육으로 보고 있습니다. 당신도 그렇게 할 수 있는가요? 그럼 음해하여 힘들게 하지 말고 당신의 비전을 보여 주세요. 청소년들을 위해, 나라와 민족을 위해 말입니다.

필자는 이곳에서 아이들 인성교육과 비전 특강을 하고 있습니다. 이제는 이 아이들 또한 저의 자식들과 같습니다. 학교 갔다 오는 녀석들은 누가 먼저랄 것도 없이 달려 와서 제 품에 안깁니다. 이들을 보며, 저는 대한민국의 미래를 봅니다. 비록 공부로는 우수대학을 가지 못할 수도 있지만, 인성이 바르고 창의적인 아이디어가 넘치는 지혜로운 이들이 우리의 미래이며 희망입니다.

자릿값을 생각하면 SNS를 뜨겁게 달군 한 편의 감동 이야기가 빠질 수 없습니다. 중국의 한 버스 기사 우빈 씨가 살신성인의 자세로 승객들을 구해 내고 숨진 사실이 알려지며 누리꾼들의 추모 물결이 일고 있습니다. 중국 언론들에 따르면, 중국 장쑤성의 고속도로를 달리던 한 버스에 갑자기 철조각이 날아왔고, 이 철조각은 버스 앞창을 그대로 뚫고 운전기사 우빈 씨를 강타했습니다. 우빈 씨는 극심한 고통 속에서도 승객의 안전을 위해 필사적으로 노력했으며, 끝까지 운전대를 놓지 않고 침착하게 버스를 세웠습니다. 그리고 그는 힘들게 몸을 일으켜 승객들에게 "위험하니 도로 밖으로 나가지 말라."는 당부의 말을 전하고 그대로 쓰러졌답니다.

우빈 씨 덕분에 승객 24명은 모두 안전하게 피신해 인명피해가 없었으나, 정작 자신은 숨을 거두고 말았답니다. 그는 쓰러진 이후 인근 병원으로 옮겨졌으나 장기가 크게 손상되는 바람에 세상을 떠나고 말았습니다. 우빈 씨는 떠났지만 그는 진정으로 자릿값을 한 사람입니다. 현재 자기 입장에서의 역할에 최선을 다하는 것, 그것이 자릿값입니다.

자기 꼴값 점검하기

이렇게 이름값, 나잇값, 자릿값 하는 사람들을 "꼴값한다"고 하는 것입니다. 그리고 "꼴값도 못한다"는 것은 이름이 부끄럽고, 나이가 부끄럽고, 자리가 부끄러운 사람들에게 하는 말입니다. 따라서 이제부터 "꼴값했다"고 하면, 멱살잡이 하고 싸우지 마시고 기분 좋게 들어 주십시오. 만약 "꼴값도 못한다.", "꼴값 떨고 있네."라는 소리를 들으면 그 시점에서 나의 꼴이 무엇인지 생각해 보시기 바랍니다. 이제 잠시 시간을 내어 각자의 꼴값에 대한 점검의 시간을 가져 보겠습니다.

나의 꼴값에 대한 점검

구분	보완할 것	유지할 것	창조할 것
이름값	사회 활동 강화	범죄 안 하는 것	브랜드 만들기
나잇값	경제 능력 강화	배려하는 마음	꼴값하기운동본부
자릿값	강사로서 역할 강화	교육자로서의 마인드	전 국민 인성교육 전개

* 샘플로 조성용 저자의 꼴값을 점검해 보았습니다. 참고하시어 여러분께도 각자에 맞게 점검해 보시길 바랍니다.

제 이름값에 보완할 것은 더 많은 사회 활동입니다. 오늘 제가 하늘나라로 간다면 제가 살다간 흔적이 남아 있는 곳은 학교의 졸업장과 석사학위 논문, 그리고 도전한국인운동본부 홍보위원장과 강사 이력 정도입니다. 그냥 평범하게 살다간 것이겠죠! 그래서 사회 활동을 강화하고 더 많은 봉사와 국민의 이익을 위한 행동을 해야겠다는 생각입니다. 이름값에 유지할 것은 현재대로 범죄 하지 않고 두 아들에게 부끄럽지 않게 사는 것입니다. 창조할 것은 저만의 브랜드를 만드는 것입니다. 그 브랜드의 하나로 호(號)를 '꼴값'으로 했습니다. 저 스스로 꼴값은 하고 살겠다는 의지의 표현입니다.

제 나잇값에 보완할 것은 경제능력입니다. 대기업에 다닐 때는 경제적으로 걱정하지 않았는데, 강사 활동을 하면서 어려워졌습니다. 아버지로서 아이들 학비도 보태 주지 못하고 부끄럽게도 일부나마 아들들의 도움을 받기도 합니다. 한마디로 나잇값을 못하고 있는 것입니다. 따라서 경제 능력 강화를 위한 합법적인 일을 찾고 그 일을 성실하게 할 것입니다.

나잇값에 대하여 유지할 것은 배려하는 마음입니다. 자기 이익과 욕심을 우선순위로 하지 않고 항상 주변의 동료들을 바라보며 양보할 것은 양보하며 살겠습니다. 나잇값에 대해 창조할 것은 꼴값하기운동본부를 설립하여 전 국민 인성교육의 기반을 다지는 것입니다. 50세가 된 지금이 인성교육하기에 딱 좋은 나이가 아니겠습니까?

자릿값에 대해 보완할 것은 강사로서의 역할을 강화하는 것입니다. 그동안은 먹고 사는 것에만 치중을 했다면, 이제는 국민강사를 목표로 전 국민 의식 변화를 위해 나아가겠습니다. 이번 세월호 사고는 저를 포함한 관계자와 많은 교육자들이 교육자로서의 꼴값을 제대로 하지 못한 결과입니다. 강사로서 역할을 강화하여 의식 교육에 더욱 매진할 것입니다. 자릿값의 유지할 것은 강사로서 교육자로서 기본적인 교육자 마인드입니다.

이 기회를 통해 전국에 교육 사업을 하시는 사장님들께 한 말씀 올립니다. 사장님들은 사업자 이전에 교육자라는 마인드를 가져주시면 어떠실지요? 특히, 청소년 교육과 직 · 간접적으로 관계되시는 사장님께서는 지금 교육으로 나라의 인재를 양성하고 나라의 미래를 책임지는 창조적인 활동을 하고 계신 것입니다. 그 자랑스러운 일이 돈 때문에 얼룩지지 않기를 바랄 뿐입니다.

마지막으로 자릿값에 대하여 창조할 것은 전 국민을 대상으로 한 "꼴값을 하고 살자"라는 인성교육을 확대하여 실시하는 것입니다. 그래서 100년 후 확 달라진 대한민국의 위상을 높이는 데 일조하겠습니다.

이제 여러분의 꼴값을 점검해 보실 시간입니다. 부담 없이 점검해 보세요.

나의 꼴값에 대한 점검

구분	보완할 것	유지할 것	창조할 것
이름값			
나잇값			
자릿값			

제대로 꼴값하는 길

이상과 같이 꼴값의 정의와 종류에 대하여 말씀 드렸습니다. 그러면 꼴값을 제대로 하기 위해서 어떻게 해야 할까요?

명심보감 훈자편에 "嚴父出孝子 嚴母出孝女(엄부출효자 엄모출효녀)"라 했습니다. 이 뜻은 "엄한 아버지가 효자를 만들고, 엄한 어머니는 효녀를 만든다."는 의미입니다. 그렇다면 나중에 내가 늙어서 자녀들에게 효도 받기 위해 어려서부터 회초리 때리며 엄하게 키워야 한단 말씀일까요? 그 뜻이 전혀 틀렸다고는 말할 수 없지만, 꼭 맞다고도 할 수 없습니다. 그보다 더 바른 뜻은 부모 자신에게 엄해야 합니다. 나의 언행 관리를 엄하게 다스려야 합니다. 그리고 바르게, 즉 정(正)하게 살아야 합니다.

담배 피우는 아버지가 자녀에게 담배를 피우지 말라고 하는 것은 스스로에게 엄하지 못하고 교만한 것입니다. 자신은 바르게 운전하지 않으면서 자녀에게 교통규칙을 지키라는 것도 교만입니다. 이것은 꼴값을 못하는 것입니다. 그러니 내가 먼저 엄(嚴)해야 합니다. 그리고 매사에 정(正)한 삶을 살아야 합니다. 그런 모습을 후배들에게 보여 주어야 합니다. 그것이 꼴값하는 지름길입니다.

L E T

후배들이 살기 좋은 세상을 만들어 줍시다

“여러분! 요즘 사는 것이 어려워요? 쉬워요?” “어려워요”

“그럼, 그 어려운 세상을 누가 만들었을까요” “어른들이요”

- 어느 중학교 1학년 수련회 장에서 -

KKOLGAP

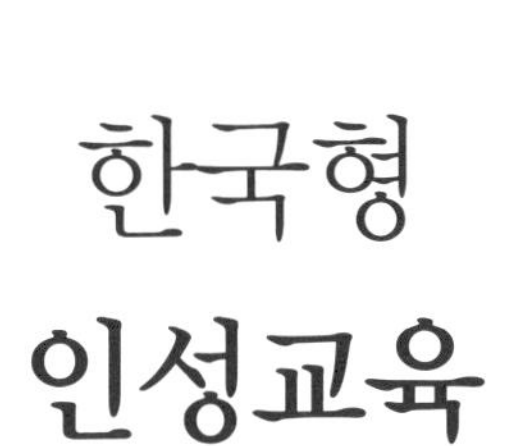

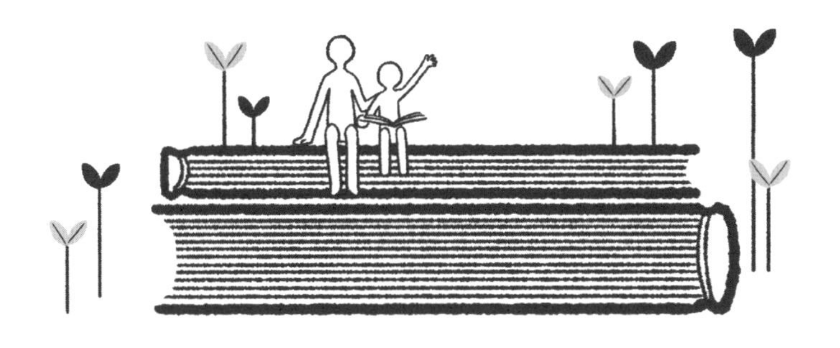

지금까지 우리는 세월호 침몰 사고를 비롯한 크고 작은 사건 사고의 원인을 생각해 보면서 그 이유가 상식적이지 못한 행동에 있음을 이야기했고, 인성교육에 문제가 있다고 말씀드렸습니다. 또한 상식을 잘 실천하는 사람이 결국 꼴값은 하는 사람이라고 말씀 드렸으며, 꼴값의 세 가지 종류에 대하여 알아보았습니다.

서강대학교 철학과 최진석 교수는 그의 저서『인간이 그리는 무늬』에서 "지식은 사건이 남긴 똥이다."라고 말합니다. 우리는 과거에 서해 훼리오 침몰 사고 후 해상 침몰 사고와 희생자를 대가로 상당한 지식을 습득했습니다. 가까이는 천안함 폭침으로 또 우리의 젊은이들을 잃었습니다. 이때도 우리가 얻은 지식은 상당할 것입니다.

그러나 그 지식들이 아무짝에 쓸모없는 똥이라는 사실을, 우리는 세월호 사고를 통해서 확인할 수 있었습니다. 인분(人糞)은 밭에 뿌리면 농사에 도움이라도 되지요. 사건 사고를 통해 만들어진 지식의 똥은 정말 가치 없는 것이고, 두 번 다시 활용되지 못하는 것이란 것을 알 수 있었습니다. 왜냐하면 결코 똑같은 사고는 반복해서 일어나지 않기 때문입니다.

그래서 저자는 대한민국에 이번처럼 어처구니없는 대형 참사를 미연에 방지하기 위하여 전 국민 인성교육 프로젝트 "꼴값을 하자"를 전개해 나갈 것입니다. 타고난 인성(人性)을 개발하여 활용하지 않으면, 인재(人災)는 지속될 것이기 때문입니다. 그래서 꼴값하기 운동본부에서는 다음 10가지를 실천운동으로 전개하고자 합니다.

1. 하루 1회 부모님께 안부 전화를 하십시다.
2. 대중교통 이용시 노약자(임산부)에게 자리를 양보하십시다.
3. 대중교통 및 공공시설에서 전화 통화는 작은 소리로 하십시다.
4. 우측통행하고, 계단 이용 시 어르신들의 무거운 짐을 들어 드립시다.
5. 자동차 운전 시 교통신호, 정지선, 규정 속도를 반드시 지키십시다.
6. 가정의 질서를 바로 세웁시다. 아버지가 가장입니다.
7. 내 집 쓰레기는 내 집에서 처리합시다.
8. 공원, 관광지, 공공시설에 쓰레기(음료캔, 커피잔 등)를 버리지 말고, 버려진 쓰레기는 내가 먼저 주우십시다.
9. 부부간에 경어를 사용하십시다. 부모는 자녀의 거울입니다.
10. 내가 먼저 하십시다(인사, 고운 말, 겸손 등).

이것만으로 인성이 바른 나라가 되는 것은 아니겠지만, 최소한 이것만이라도 실천되고 아름다운 열매를 맺기 위해서는 기본적으로 인성(人性)이 바로 서야 합니다. 그래서 인성교육이 필요합니다.

동양에서 인성교육이란

우리는 동양 사람입니다. 동양 사람은 태어날 때부터 가지고 태어난 성(性)을 가능하다면 균형 있게 실천하며 살아야 하는데, 그 성(性)을 기본이라고 하는 것입니다. 세월호 사고 이후 '기본으로 돌아가자'는 이야기를 많이 하는데, 이 때 그 기본이라는 것은 기본에 충실한 삶을 말합니다. 그래서 동양에서 인성교육이란 함은 사람이 태어날 때 부여받은 성(性)을 잘 사용하도록 하기 위한 교육이라고 할 수 있습니다.

즉, 동양에서의 교육의 목적은 한 가지입니다. 바로 '효(孝)'입니다. 동양에서는 예로부터 '효백행지본(孝百行之本)'이라 하여 효를 모든 행실의 근본으로 삼았습니다. 그리고 동양에서의 교육의 목표는 꼴값입니다. 꼴값을 하기 위해서는 기본에 충실해야 합니다.

조직이나 회사에서 어떤 업무의 담당자로 임무를 받으면 그 조직에 대표자는 항상 "최선을 다해 주십시오."라고 말합니다. 이때 '최선(最善)'이란 무슨 뜻일까요? 한문으로 쓰면 '가장 최(最)', '착할 선

(善)'입니다. 그러니까 최선을 다하란 뜻은 가장 착하게 하라는 것입니다.

세계적인 또는 학교 체육행사를 앞둔 선수들에게 우리는 같은 마음으로 같은 목적을 위해 기원했을 것입니다. 그리고 우리 선수들이 최선을 다하는 모습을 생각하면 가슴이 뭉클해집니다. 우리 국민들은 그들에게 "최선을 다하세요."라고 응원을 보냈을 것입니다. 이 말이 "가장 착하게 해 주세요."와 같은 말이라니, 이게 말이 됩니까? 네, 말이 됩니다. 하지만 가장 착하게 하라는 말은 조금 이상하게 들리기도 합니다. 그렇게 생각되는 이유는 평소 일상에서 잘 사용하던 말이 아니기 때문입니다. 하지만 맞는 말입니다. 그렇다면 착하다고 하는 것은 무슨 말입니까?

착하다고 하는 것은 선(善)한 것입니다. 선이라고 하는 것은 우리가 알고 있는 것처럼 남의 말을 잘 듣고 자신을 낮추고 상대방을 배려하고 하는 것뿐 아니라, 옳지 않은 일에 대해서는 분개(憤慨)할 줄도 아는 것도 포함합니다. 하지만 이성적으로 잘 조절해서 분(憤)을 분으로 넘기지 않고 분하지만 참을 수 있는 인내도 필요한데, 이런 모든 것을 착하다고 표현해야 맞습니다. 하지만 이렇게 잘 사용하지 않기에 '최선을 다하라'라는 말을 '최고로 착하게'라고 할 때 이상하게 들리는 것입니다.

동양사상으로 성의 기본이 되는 기능은 맹자의 성선설(性善說)과 순자의 성악설(性惡說)이 있습니다. 우리가 살면서 악해지지 않으려고 노력하는 것만으로도 선한 것이 되는지 아니면 선하게 살려고 노력하다 보면 악한 길로 가지 않게 되는지를 명확하게 해야 할 필요가 있는데, 결국 선하게 살려고 노력하다 보면 자연적으로 악에서 멀어지게 되는 것입니다. 하지만 악하게 살지 않으려고만 하면 제자리에서 뱅뱅 맴돌기만 할 뿐입니다.

따라서 동양에서는 악하게 되지 않기 위한 최소한의 방책으로 법을 만들었습니다. 그리고 성선설을 교육의 으뜸으로 삼았습니다. 성의 속성은 선한 것으로 보았는데, 여기에서 선한 것이란 다른 말로 착한 것을 말합니다. 이 선한 것을 더 선할 수 없을 정도로 선하게 하는 것을 최선(最善)이라고 하는 것입니다.

맹자는 사람이 태어날 때부터 가지고 나온 네 가지 선한 마음에 대하여 이렇게 말하고 있습니다. "仁義禮智 非由外鑠我也 我固有之也 弗思耳矣 求則得之 舍則失之(인의예지 비유외삭아야 아고유지아 불사이의 구즉득지 사즉실지)" 의미는 '인의예지는 밖에서부터 나를 녹여 오는 것이 아니고 내가 본래부터 지니고 있는 것이다. 생각지 않은 것일 따름이다. 구하면 얻고 버려두면 잃어버린다.'입니다. 맹자는 착하게 사는 것을 네 가지로 구분하는데, 그것은 인의예지(仁義禮智)입니다. 이것이 사람으로서 최초로 가지게 되는 초심입니다. 그리고 이 네 가지를 우리가 흔히 말하는 '싸(사)가지'라고 하는 것입니다. 인의예지의 초심을 잘 발현하여 진정으로 싸(사)가지 있는 선한 삶을 살 수 있으시길 응원합니다.

우리는 이미 이 말의 의미를 다 배웠고, 이미 알고 있을 것입니다. 그 인의예지가 무엇인지는 다음 장에서 구체적으로 다시 설명하기로 하겠습니다. 결국 이 글에서 이야기하는 인성교육의 핵심은 태어날 때 가지고 나온 네 가지 착한 마음을 생활 속에 실천하며 살도록 하는 것이 기본으로 돌아가는 것이며, 그 기본은 결국 선(善)하게 살도록 하기 위한 교육이라 하겠습니다.

선(善)한 사람은 범죄 하지 않습니다. 누구를 괴롭히지도 않고, 이용하지도 않고, 사기를 치지도 않습니다. 그래서 지금 대한민국에 절실히 필요한 것이 인성교육입니다.

인성교육의 시대적 필요성

2014년 10월 22일, 전 · 현직 대학 총장으로 구성된 한국대학총장협회가 경기 성남시 한국학중앙연구원에서 '한국사회의 위기와 교육의 역할'을 주제로 세미나를 열었습니다. 참석자들은 최근 우리 사회는 인성 · 도덕성 · 시스템 · 리더 · 정체성이 없는 5무(無) 사회라며 과잉 경쟁으로 인한 공동체 의식과 도덕성 약화 등이 한국사회의 위기의 원인이라고 지적하였습니다.

극에 달한 안전 불감증과 도덕 불감증을 치료하기 위해서는 최초의 사회화 기관인 가정과 학교에서 윤리교육을 강화해야 한다며, 세월호 참사와 윤 모 일병 사건 등 최근 우리 사회가 처한 위기를 극복하기 위해서는 인성교육을 강화해 올바른 가치관을 심어 줘야 한다는 주장이 제기된 것입니다. 이에 따라 초 · 중 · 고교의 윤리 및 도덕 과목 교육을 강화하고 대학에서는 철학을 필수과목으로 지정하고, 초등학교부터 대학까지 모든 교육과정에 사회봉사활동을 의무화하는 등의 방안을 활용해야 한다는 주장까지 논의되었습니다.

이 또한 소 잃고 외양간 고치는 식의 처방일수는 있지만, 그래도 대학총장 협의회에서 이런 논의가 있었다는 것에 미래 한국 교육 현장의 변화를 기대해 봅니다. 인성의 기초가 튼튼한 교육으로 말입니다. 때마침 2014년 연말 인성교육진흥법이 국회를 통과함에 따라 다양한 교육단체에서 인성교육을 준비하고 있는 것은 그나마 좋은 현상으로 보이지만, 일부 특권층에게 돈을 벌게 해 주는 정책이 되지 않길 기대합니다.

필자의 직업은 강사입니다. 기업체, 공무원, 여성단체, 학생 등에게 고객의 요청에 맞는 주제의 강의를 하고 있습니다. 강의 수주를 받기 위해 인터넷 사이트에서 정보를 얻어 고객사에 제안서를 보내곤 합니다.

한번은 충남에 있는 계룡고등학교에 제안서를 보내자, 다음 날 아침에 이런 메일이 왔습니다. “훌륭한 제안서를 보내 주셔서 감사합니다. 학교 사정상 다음 기회에 꼭 모시겠습니다. 고맙습니다.” 아무리 많은 제안서를 보내도 일반적으로 별 반응이 없는 것이 사실입니다. 하지만 이렇게 답장을 보내 주신 것이 고마워, 저는 다시 답장을 보냈습니다. “제안서에 대한 답을 주신 것만으로도 충분히 감사합니다. 인연이 되면 불러 주십시오. 고맙습니다."

그날 오후, 계룡고등학교 담당 선생님께 문자가 왔습니다. 통화를 할 수 있겠냐고 말입니다. 그래서 얼른 전화를 드렸더니 그 선생님께서 하시는 말씀이 "참 많은 분들이 제안서를 보내셨고 그분들 모두에게 강의가 취소됨을 답장 드렸는데 재답장이 온 분은 강사님뿐이십니다. 특강을 다시 하기로 했으니 강사님께서 와 주셔야겠습니다." 하시는 것입니다. 그래서 저는 강사료 잘 받고 즐거운 특강을 다녀올 수 있었습니다.

필자 이야기라 조금 송구합니다. 이래서 인성교육이 필요한 이유가 아닐까 생각해 봅니다. 이것이 바로 대인관계에 필요한 상식입니다. 우리의 생활 속에서 표현되지 않거나 활용되지 않는 상식은 아무런 의미가 없습니다. 따라서 인성교육에 대한 학습을 통해 상식이 통하는 사회를 만들고 꼴값은 하는 사회를 만들기 위해 더 늦기 전에 지금 이 시대에 인성교육이 절실히 필요하다 하겠습니다.

최근의 세월호 침몰 사고와 구조 과정 그리고 수사과정을 지켜보면서 더욱 대한민국의 미래를 위해 인성교육의 필요성을 절실히 깨닫습니다. 배가 침몰할 때 자기는 살겠다고 배를 탈출한 세월호 직원 일부는 도덕적으로 용서받지 못할 사람들입니다. 죽어 가는 승객들을 보면서 그들에 대한 최소한의 불쌍한 마음도 없었습니다. 그렇게 도망치듯 배를 탈출했으면서도 인터뷰 과정이나 조사 과정을 보면, 자신에 행동에 대한 부끄러움을 느끼지 못하는 듯 보였습니다.

이럴수록 국민들은 화가 납니다. 승무원으로서 당연히 먼저 생각했어야 할 승객들의 안전에 대해서 생각하지 않고, 자신들만 탈선하고 구조되었습니다. 또한 침몰 과정에 무엇을 먼저 하고 나중에 할지에 대한 상황 판단도 잘 못했습니다. 그러니 그들은 직업에 대한 사명의식이나 윤리 의식도 없었을 것입니다.

그도 그럴 것이, 그 회사에서는 1년에 직원 교육비를 50여만 원만 사용했다니 무슨 교육을 제대로 받았겠습니까? 회사에서 직원 교육을 하지 않았다는 것은 당연히 해야 할 상식을 실천하지 않은 것입니다. 인간으로서 하늘이 내게 부여한 본성에만 충실했더라면, 300여 명이나 되는 승객들을 수장(水葬)시키지는 않았을 것입니다.

세월호의 일부 승무원들과 구조과정에서 일부 국민들이 보여 준 일련의 모습들은 대한민국의 현재 모습이라 할 수 있습니다. 도대체 우리 후배들에게 무엇이 옳은 행동인가에 대하여 보여 준 것도 없고 보고 배우라고 할 만큼 가르칠 만한 것도 없는, 한마디로 오합지졸(烏合之卒)이었습니다.

누구나 인생의 목적을 물으면 '행복하게 사는 것'이라고 답합니다. 우리가 본성을 따라 바른 길을 가고 또한 바르게 가르치는 것의 근본 목적은 행복한 삶을 살도록 하기 위함입니다. 따라서 이 승무원들은 일정기간 죗값을 치르고 출감한다고 하여도, 자신들이 생각한 행복한 삶을 살아가기에는 어려울 것입니다. 그리고 구조과정에 세월호 관계자와 구조 관련 관계자 또 정부 관계자들이 보여 준 이름값, 나잇값, 자릿값을 못한 다양한 어른들의 모습은 이제 반드시 바꾸어야 할 우리들의 자화상입니다.

또한 우리 사회 전반적으로 각종 성인 범죄를 비롯한 청소년 범죄도 좀처럼 줄기는커녕 상승과 하락을 반복하고 있습니다. 최근 각종 성범죄는 어린 학생들을 대상으로 할 뿐 아니라 친자녀 성범죄 또한 지속적으로 증가 추세에 있습니다. 소년원에 들어와 있는 청소년들의 상당수가 성범죄자들이라면 믿으시겠습니까? 이것 또한 어른들이 잘못 보여 주고 가르친 결과입니다. 성인들이 먼저 반성해야 합니다.

세월호 사고를 통해 결코 젊은이들이 어른들보다 못하다고 할 수 없습니다. 그리고 인의예지가 본성을 따르는 것임이 더 확실히 증명되었다고 생각합니다. 세상에 태어난 지 얼마 안 된 젊은이들은 그 본성에 따라 살았고, 마지막으로 '인생은 이렇게 사는 것이야.' 하고 잘 가르쳐 주고 갔기 때문입니다.

사고 수습과정에도 자신의 이익을 위해 등장한 수많은 일들, 이 모두가 기본적인 인성 교육이 되지 않았기 때문이고, 대한민국의 교육 정책에 변화를 주어야 하는 이유이기도 합니다. 단지 학생들만을 위한 교육 정책이 아니라 전 국민을 대상으로 교육정책이 만들어져야 합니다. 전 국민 인성 교육이 필요한 때입니다.

세월호 침몰사고는 우리의 미래를 위한 반면교사(反面敎師)로 삼아 본성에 충실하게 사는 것이 얼마나 중요한지, 제대로 학습 했다고 생각합니다. 본성에 충실한 것이 무엇입니까? 상식을 지켜 꼴값을 하며 사는 것입니다. 자기 역할에 주어진 삶을 성실히 살도록 보여 주고 가르치는 것이 인성교육입니다.

최근 대한민국은 '한류'라고 하는 콘텐츠로 글로벌 시대의 중심에 서 있습니다. 현 시점에서 더 나은 세계 속의 대한민국을 위해 반드시 인간 중심의 전인교육이 부활되어야 합니다. 그리고 사람을 소중히 여기고, 사람이 중심이며, 사람이 대접받는 사회를 만들어야 합니다.

인성교육은 가정에서부터

1960~1970년대 경제개발 5개년 계획은 우리 사회를 빠르게 산업화로 이끌며 긍정적인 많은 변화를 가져왔습니다. 할아버지 할머니 중심의 대가족제도는 아빠, 엄마 중심의 핵가족 사회로 바뀌었고, 1970년대 '아들딸 걱정 말고 둘만 낳아 잘 기르자'는 우리 청소년들을 집집마다 왕으로 만들었습니다.

그러다 보니 가정에서 교육용 회초리는 자연스레 사라졌습니다. 또한 학교에서는 교사들의 교육용 교편이 사라졌습니다. 이제는 학생들 또는 학부형들에 의해 공교육이 좌지우지되는 현상이 벌어지고 말았습니다. 공교육은 몰락했고, 사교육의 인기는 하늘 높은 줄 모릅니다. 자녀를 더 좋은 학원에 보내기 위해 엄마는 돈을 벌지 않으면 안 되게 되었습니다.

그리고 입시 위주의 교육 속에 벌어지는 일부의 모습이긴 하겠지만, 각 가정의 중심은 가장이 아닌 입시를 앞둔 자녀에게로 이동되었습니다. 또한 일부 엄마들은 자녀를 통해 자신이 이루지 못한 꿈을 이루려 하고 공부만 강요합니다. 자녀들은 왜 공부를 해야 하는지도 모릅니다. 왜 피아노학원에 가야 하고, 왜 미술학원에 가야 하고, 왜 태권도 학원에 가야 하는지도 모른 채 그냥 다닙니다.

엄마들에게 물어봅니다. “왜 학원에 보내세요?” 그러면 돌아오는 답은 뻔합니다. “그래야 좋은 대학을 가고, 좋은 회사를 가고 돈 잘 벌어 잘 먹고 잘 살지요. 미래의 행복한 삶을 위해서는 공부 잘해서 돈 잘 버는 것이 최고입니다.” 결론은 돈이 필요한 것입니다.

그 돈이 바꿔 놓은 요즘 우리 가정의 모습을 생각해 봅시다. 가족들을 위해 언제나 열심히 일하며 가정 경제를 책임지고 있는 아버지는 그냥 돈 버는 기계로 전락했습니다. 돈을 벌지 못하면 사람 취급을 받지 못합니다. 남편으로 사랑받지도 못하고, 아버지로 존경받지도 못합니다. 왜 그럴까요? 아버지로 당연히 해야 할 일인 돈을 많이 벌지 못하기 때문입니다.

그래도 아버지들은 가장으로서 책임감을 가지고 있습니다. ‘자릿값’이란 단어는 몰라도 최소한 그 자리에 대한 꼴값은 해야 한다는 것을 아는 것입니다. 그래서 돈을 벌어야 한다는 생각에 사로잡혀 있고, 결국 ‘돈돈돈’ 하다 돌아 버리는 아빠들이 점점 많아지고 있습니다. 불쌍한 사람을 보면서도 측은한 마음이 들지 않습니다. 부정(不正)한 행동인줄 알면서도 부끄러워하지 않습니다.

그리고 돈의 유혹에 쉽게 빠져듭니다. 상사의 옳지 못한 행동을 보면서도 말리거나 고발하지 못합니다. 돈이 되는 일이라면 더 어려운 동료를 위해 양보하지 않고 불나방 달려들듯 달려듭니다. 그러다 보니 일에 대한 상황 판단이 흐려지게 됩니다. 그리고 범죄의 길로 한없이 빠져듭니다.

직장 상사를 위해 분위기 맞춰 주어야 하며, 술 좋아하는 상사를 위해 밤늦도록 놀아 주어야 승진에 긍정적인 영향을 받을 수 있다고 판단합니다. 그렇게 매일 늦게 퇴근하니, 어린 자녀 얼굴은 제대로 보지 못합니다. 아빠이신 당신은 자녀에게 몇 점짜리 아빠일까요? 어느 초등학교 2학년 어린이가 쓴 시에서 엄마는 나를 예뻐해 주어서 좋고, 냉장고는 먹을 것을 주어서 좋고, 강아지는 나랑 놀아주어서 좋지만 아빠는 왜 있는지 모르겠다고 했습니다.

너무도 씁쓸합니다. 아니, 이 시를 처음 읽었을 때는 화가 났습니다. 그럼 내가 놀았습니까? 하지만 어쩌면 2학년 아이의 입장에서는 당연한 것입니다. 아빠랑 놀고 싶은데 매일 늦게 오고 토요일은 놀아 주려나 기대하지만, 피곤하다며 하루 종일 잠만 잡니다. 일요일은 엄마와 시간을 보내거나 마트에 동행합니다. 아이들에게 아빠는 쓸모없는 존재입니다. 이 아이에게 아빠는 꼴값을 못하는 존재입니다. 아이에게 아빠는 놀아 주는 아빠가 필요한 것입니다. 돈 벌어 오는 남편은 아내가 바라는 남편의 꼴일 뿐입니다.

강의를 다니며 교육생에게 몇 점짜리 아빠냐고 질문하면, 대부분 60점 이하의 낙제점을 줍니다. 왜 그렇게 생각하느냐고 물으면, 놀아 주지 못하기 때문이라고 합니다. 또 일부 70점 이상이라고 하는 분도 간혹 있습니다. 사유를 질문해 보면, 잘 놀아 주는 편이라고 합니다. 하지만 아빠들은 엄마를 더 사랑하나 봅니다. 아빠의 꼴값보다 남편의 꼴값에 더 충실하니 말입니다.

또 6학년짜리 한 어린이는 아빠가 측은한 듯 아빠 월급은 콩알만 하고 쓸 것도 없다고 했습니다

콩알만 한 월급을 받으려고 새벽시간부터 늦은 야간까지 고생하는 우리 아빠들이 어떤 사람인지 아십니까? 점심 값을 아껴 자식들 원하는 유명 브랜드 운동화나 점퍼 사 주어야 하기에 점심 식사비를 겨우 5~6천 원 선에서 해결합니다. 비싼 것은 생각도 못합니다. 또 어떤 아빠는 점심 값을 절약한다고 포장마차에서 2천 원 하는 컵 밥을 먹는 아빠들도 있습니다.

컵 밥이 무엇인지 아십니까? 컵라면 크기의 플라스틱이나 종이 컵 용기에 밥과 반찬을 담아 파는 것으로, 학원가로 유명한 노량진에서 지역적인 특색 때문에 유명해진 음식입니다. 그나마 조금 주머니 사정이 괜찮은 아빠들은 편의점에서 4천 원짜리 불고기 덮밥을 먹습니다. 그러다 보니 편의점의 매출 1위는 도시락이랍니다.

요즘 아빠들에게는 너무도 슬픈 현실입니다. 남들도 다 그렇게 산다고 말하지 마십시오. 그 아빠라고 비싼 점심 먹을 줄 모르고, 그 아빠라고 일찍 퇴근해서 아이들이랑 놀고 싶지 않고, 그 아빠라

고 돈 많이 벌고 싶지 않겠습니까? 너무 삶에 기준을 돈에 두지 않았으면 하는 바람입니다.

명심보감에 이르기를 "賢婦 令夫貴 惡婦 令夫賤(현부 영부귀 악부 영부천)"이라 했습니다. "어진 부인은 남편을 귀하게 하고, 악한 부인은 남편을 천하게 하느니라."는 의미입니다. 남편을 귀하게 대접하는 아내들이 많아졌으면 하는 바람입니다.

또 "家有賢妻 夫不遭橫禍(가유현처 부불조횡화)"라 했습니다. "집에 어진 아내가 있으면 그 남편이 뜻밖에 화를 만나지 않느니라."는 의미입니다. 남편의 자리에 있는 자가 밖에서 편안한 맘으로 일할 수 있도록 어진 아내가 자리를 지켜 준다면, 돈을 많이 벌어다 줄 수 있을 것입니다. 자녀들 앞에서 스스로 남편을 존중하는 모습도 보여 주어야 합니다. 자녀들의 미래를 위해서 말입니다.

가정에서 엄마들이 잘해야 합니다. 성경 잠언 14장 1절에 "지혜로운 여인은 자기 집을 세우되 미련한 여인은 자기 손으로 그것을 허느니라." 했습니다. 여성에게 지혜가 필요함을 강조하는 글입니다.

무엇이 진정 우리 아이의 행복한 미래를 위한 것인지 잘 판단해야 합니다. 자녀들의 적성과 능력을 고려한 진로 결정에 적극적으로 도움을 주어야 합니다. "너는 무엇을 잘하지?", "네가 좋아하는 것은 무엇이야?"라고 물어봐 줘야 합니다. 그래야 그 자녀가 행복한 길을 선택할 것입니다. 돈이 가치 기준이 아니라 그 아이의 꿈이 가치 기준이 되어야 한다는 것입니다.

최근 우리 사회에 웃지 못할 엄마들의 극성이 극에 달해 있습니다. 물론 일부에 해당하는 이야기이겠습니다만, 대학생 자녀를 둔 한 어머니는 자녀의 수강신청을 대신하고 있답니다. 또 담당 교수에게 전화해서 자녀에게 내준 과제가 무엇인지 묻는답니다. 그뿐 아니라 어떤 신입사원을 둔 어머니는 직원 고가평가가 오픈되던 날, 회사 관리자에게 전화해서 우리 아이 평가가 왜 그러냐고 따져 묻더랍니다. '지난번 야식도 보냈는데!' 하면서 말이죠. 또 군에 입대한 아들을 위해 부대 근처로 이사를 하고, 권총이 아닌 장총을 주면 왜 우리 아들에게 무거운 총을 주느냐고 항의한답니다.

혹여 여러분 중에 이 내용이 공감이 가고 혹시 내 이야기가 아닌가 하고 생각하시는 분이 계시다면 이것 한번 생각해 봐 주시길 바랍니다. "나와 내 자녀 중 누가 먼저 죽어야 할까?" 여러분은 '질문 같은 질문을 해라'며 야단치시겠습니까? 아니면 '아이들 보내고 내가 장례 다 치른 후에 가야죠.' 하시겠습니까?

자연의 섭리로 따진다면, 내가 먼저 가는 것이 순서입니다. 그리고 자녀들이 내 장례를 치러야 합니다. 그런데 지금처럼 사사건건 자녀의 일에 관여하고 간섭하다 돌아가시면, 그 자녀들은 어떻게 살지요? 엄마가 다 해 줘서 스스로 할 줄 아는 것이 하나도 없는데, 그때부터 그들은 어떻게 살아야 하느냐고 여쭙고 싶습니다. 이것도 어머니의 자릿값을 못한 것입니다.

스스로 실패를 하든 성공을 하든 직접 해 봐야 내공이 쌓여 부모님을 의지하지 않고 살아갈 수 있지 않을까요? 정말 자녀를 사랑한다면, 이제부터 그의 인생을 그에게 맡겨 놓으시길 희망합니다.

물론 지금도 먹고살기 위해 회사로 식당으로 공장으로 정말 고생하는 엄마들 많습니다. 잘 압니다. 고맙습니다. 하지만 이것만이라도 분명하게 할 필요가 있습니다. 남편들은 돈 버는 기계가 아니라는 사실을 말입니다. 그 남편도 꿈이 있음을 알아주시고 물어봐 주셔야 합니다. “당신의 진짜 꿈은 뭐예요?”라고 말입니다.

자녀들 꿈을 응원해 주세요. 어차피 1등은 한 명뿐입니다. 2등도 있고 3등도 필요합니다. 판 · 검사도 필요하고 의사도 필요하고, 공장 직원도 필요합니다. 우리 자녀가 행복한 길을 선택하여 갈 수 있도록 선배로서 지혜를 모아 주어야 합니다. 왜 꼭 1등은 내 자녀야 한단 말입니까?

명심보감 훈자편에 이르기를 “憐兒 多與棒 憎兒 多與食(연아 다여봉 증아 다여식)”이라 했습니다. 해석하면 “아이를 사랑하거든 매를 많이 주고 아이를 미워하거든 먹을 것을 많이 주라.”는 의미입니다. 자녀가 무엇보다 성공하고 행복하기를 바란다면, 무엇보다 사랑의 매를 들어야 합니다. 그렇다고 아동 폭력을 행사하라는 의미는 아닙니다. 그만큼 관심을 가져 주시고 바른 길로 갈 수 있도록 바르게 안내하자는 것입니다.

명문 대학에 보내고 좋은 직장에 취업하기 위한 조기 어학 교육보다 불쌍한 이웃이나 친구를 보면 측은지심의 마음을 품고 옳지 않은 일을 했을 때 부끄러워 할 줄 알고, 친구에게 양보하고 배려할 줄 알며, 옳고 그름을 분별하여 그른 일은 하지 않는 생활 습성이 어린 시절부터 습관화되어야 합니다. 그래서 먼저 바른 인성을 가진 사람이 되게 하는 인성교육이 우선시되어야 합니다.

필자도 어린 시절에는 밥 먹을 때는 아버지가 먼저 숟가락을 들어야 밥을 먹을 수 있었습니다. 방에 누워 있다가도 어른이 들어오시면 얼른 일어나서 자세를 바로 하고 앉았습니다. 친인척 어른이 오시면 반드시 큰절로 예를 갖추었습니다. 그러나 이런 모습들은 이미 사라진 지 오래입니다. 아버지나 가장보다는 항상 아이들이 먼저가 되었습니다. 그렇게 황제 대접을 받고 자란 아이들이 사회생활을 어떻게 할지는 직접 눈으로 확인하지 않아도 다 보입니다.

아니, 지금 자신이 하고 있는 행동에서 어떤 점이 잘못된 것인지 모르는 것이 더 큰 문제입니다. 독수리 알을 닭이 품어 부화하면, 그 알에서 나온 독수리는 자기정체성을 잊은 채 그냥 닭으로 살아가며 높이 나는 독수리를 부러워합니다. 이처럼 가정에서 인성교육이 바르게 되지 않으면 우리 청소년들은 지금 자신의 모습이 당연하다고 생각하고, 어른들이 나무라면 이유도 모른 채 꾸지람을 듣기도 하고 일부는 반항을 하기도 합니다. '내가 무엇을 잘못했냐?'며 말입니다.

내 자녀를 진정 인성이 바른 사람으로 키우고 싶다면, 부모 된 자로서 인성교육에 관심을 가지셔야 합니다. 어떤 교육기관에 보내느냐가 중요한 것이 아니라, 바르게 사는 모습을 보여 주셔야 합니다. 부부간에도 무식하리만큼 듣기 거북한 반말은 지양해야 합니다. 상호 존중하는 경어를 사용하시길 권장합니다. 그리고 자녀를 태우고 운전하는 부모님은 반드시 교통법규를 준수하시길 바랍니다. 자녀가 보고 있다면 현장 교육이 되는 것이기 때문입니다.

이제 나만 잘 먹고 잘 사는 것이 아니라 '우리'가 함께 잘 살아야 한다는 것을 가르치고 보여 주어야 합니다. 나만 있고 너는 없는 우리는 존재할 수 없습니다. 부모가 가정에서 먼저 보여 주어야 합니다. 가정에서부터 예(禮)가 지켜져야 합니다.

공교육을 인성교육 중심으로 전환해야

명심보감 순명편을 보면 "子曰 死生 有命, 富貴 在天(자왈 사생 유명 부귀재천)"이라 했습니다. 해석하면, "공자가 말하기를, 죽고 사는 것은 명에 있고 부자가 되고 귀하게 되는 것은 하늘에 있다."는 것입니다. 물질 만능주의 영향으로 자녀가 부자로 살기를 바라는 마음으로 좋은 대학에 보내기 위해 비싼 사교육비를 투자하여 공부를 시키지만, 그렇게 많이 배웠다고 해서 다 재벌이 되거나 높은 위치의 관직을 얻는 것은 아닙니다. 또한 그들이 다 효자가 되거나 나라와 민족을 위해 큰일을 하는 것도 아닙니다.

사교육이 필요하다면 해야겠지요. 하지만 그것은 정말 공부에 뜻을 두고 더 많이 공부하여 나라와 민족을 구할 젊은이들을 위해 꼭 필요하다고 생각합니다. 또한 사교육을 업으로 하시는 분들을 위해서도 필요합니다. 하지만 어리석은 인간의 생각으로 하늘의 뜻을 거스르기보다는 타고난 재주와 적성을 살려 주고 사람을 먼저 생각하는 바람직한 모습의 한 인간으로 살 수 있도록, 공교육의 변화는 물론 부모와 인생 선배들이 먼저 실천하는 모습을 보여 주어야 합니다.

A씨에게는 아들 형제가 있습니다. 큰아들은 27세이고 현재 연기 전공으로 대학을 다니고 있습니다. 작은아들은 25세로 대학에서 실용음악을 공부하고 있으며, 동시에 실용음악 학원에서 잘나가는 명강사이기도 합니다.

큰아들은 공부가 싫다고 공고에 입학을 했습니다. 나름대로는 생각을 가지고 있었지만, 그의 엄마는 대학을 안 나오면 사람 취급을 못 받는다며 대학 입학을 주장했습니다. 그래서 모 대학 체육 경호과에 어렵게 입학했지만, 1년 만에 적성에 맞지 않는다며 포기하고 군 전역 후 3년 동안 연극영화과에 입학하기 위한 공부를 했습니다. 아이는 매우 즐거워하고 행복해합니다. 결국 그는 자신이 원하는 대학에 우수한 성적으로 입학했고, 그런 아들을 둔 A씨는 아들이 원하는 일을 하도록 지원하며 응원의 박수를 보내고 있답니다.

입학 전까지 자기 용돈은 자기가 벌어 쓰겠다며 저녁 시간부터 새벽 시간까지 아르바이트를 하고 있는데, 피곤한 몸을 이끌고 공부하러 간다며 학원에 가는 모습을 볼 때면 마음이 짠했답니다. 그러면서 A씨는 이렇게 말합니다. "아빠가 꼴값을 못하고 돈을 많이 벌지 못해 아들들 고생을 시키고 있어 미안하다."고 말입니다. 그리고 큰아들의 성공을 믿는답니다.

A씨는 큰아들에 대하여 상당한 자부심을 갖고 있는 듯 보였습니다. 자기만의 꿈을 가지고 열심히 공부하고 있는 모습도 대견하지만, 무엇보다 큰아들에게는 사람 냄새가 난답니다. 그 전에 사귀던 큰아들의 여자 친구가 그러더랍니다. "참 착해요. 저와 집 근처에서 데이트 하는 중에 갑자기 어디론가 막 달려가더라고요. 그리고는 어느 아주머니의 무거운 짐을 받아서 들고 오는 겁니다. 자세히 보니, 그 아주머니는 제 어머니였습니다."라고 말입니다. A씨는 이렇게 사람 냄새 나는 큰아들이 참 좋답니다. 때론 의지가 되고 든든한 기둥 같다는군요.

A씨의 작은아들은 음악을 합니다. 중 · 고등학교 성적은 하위권이었지만 자기가 무엇을 좋아하고 잘하는지를 잘 알고 있었다는군요. 그리고는 실용 음악학원을 다니며 연예 기획사 오디션에 합격해 가수 데뷔 준비를 하기도 했지만, 지금은 대학교 실용음악과에 입학하여 낮에는 공부하고 밤에는 후배들을 가르치고 있답니다. 2014년 대학입시에는 몇 명의 학생들을 대학에 입학시켜 나름 명강사 반열에 올랐다는군요. 명강사 반열에 오른 덕분인지 알게 모르게 개인 레슨 요청도 많이 받고 있고, 가끔 결혼식 축가 등 크고 작은 행사에 초청되어 자기 용돈은 벌어 쓰고 있다며 A씨는 작은아들 자랑을 늘어놓습니다.

지난겨울 어느 날은 "아빠 따뜻하게 겨울 나시라고 하나 샀습니다."라며 쑥스러운 듯 쇼핑백을 하나 주더랍니다. 그 쇼핑백에는 겨울용 점퍼가 들어 있었습니다. A씨는 눈물을 글썽이며 작은아들에게 미안했답니다. 큰아들과 마찬가지로 학비도 보태 주지 못하고 용돈도 못 주고 있는데, 선물까지 받으니 더 미안했다는군요. 아빠가 용돈을 주지 못해도 투덜거리지 않고 묵묵히 자기가 용돈은 벌어서 쓰면서도 가끔은 "아빠 용돈 없으시죠?" 하며 현금도 주곤 한다니, 부자(父子)가 바뀐 것이 아닌가 싶습니다.

그런데 이 작은아들은 중 · 고등학교 성적이 반에서 33등 정도였답니다. 35명 중에 말입니다. 이런 아이들을 학교에서나 어른들은 '학교 부적응자'라고 부릅니다. 낙인을 찍는 것이지요. 그리고 문제아 취급을 합니다. 하지만 여러분들이 보시기에 이 아이가 사회생활을 못합니까? 문제아입니까?

그렇지 않습니다. 어쩌면 이 또한 인성교육을 제대로 받지 못한 어른들이 만들어 낸 '부적응'이라는 단어로 한 아이를 매도하고 있었는지도 모릅니다. 이 아이가 학창시절 공부에는 부적응이었을지 모르지만, 음악에 대해서는 누구보다 우등했습니다. 다시 말씀드리면, 저를 포함한 음악을 잘 모르는 우리들이 음악에 대한 부적응자 아닌가요?

이렇게 A씨의 두 아들은 학교 성적으로 우등생은 아니었습니다. 하지만 그 두 아들은 지금 자기가 좋아하는 일과 공부를 하고 있습니다. 무엇보다 인성이 바르고 불쌍한 사람들을 보면 도와주고 싶어 합니다. 결국 인생은 학교 성적으로 사는 것이 아니라, 인성이 좌우한다고 생각되지 않으시나요?

우리나라의 공교육도 인성교육 중심으로 변화되어야 하지 않을까 생각해 봅니다. 그리고 우리 어른들도 청소년들을 함부로 평가하여 불량청소년으로, 또 우리 사회의 문제아로 낙인찍는 어리석은 어른은 되지 말아야겠습니다. 이것이 공교육의 중심을 인성교육으로 하고, 성인들도 인성교육을 받아야 하는 종합적인 이유입니다.

충남 계룡고등학교에서...

직장에서는 직원 인성교육을 의무화해야

직장 선배는 후배들의 등대 또는 길잡이와 같습니다. 그들이 바르게 갈 때 따라가는 후배들이 바르게 갑니다. 스펙이 우수한 직원은 단기적인 실적을 보여 줄 수 있지만, 인성이 부족한 직원은 10년 공든 탑을 한순간에 무너뜨릴 수도 있습니다. 또한 기존의 직원들 조차도 인성이 바르지 못한 직원들이 있을 수 있고, 그래서 그들이 꼴값(역할)을 하지 못한다면 우리 직장이 무너지는 것은 시간 문제일 것입니다.

아무리 뛰어난 실력을 가지고 있어도 인성에 문제가 있으면 그들은 부정한 일을 하고, 고객을 불편하게 하고, 회사를 어렵게 만듭니다. 우리 직원들은 부정한 일을 저지르는 사람과는 함께 근무하고 싶어 하지 않습니다. 그러다 보니 그 사람은 어디에서든 선택받지 못하기 때문에 스스로의 상자 안에 갇히게 됩니다. 그런 사람이 많은 조직은 열정이 없어지고, 매사에 동기부여가 안 되고, 소통이 안 됩니다. 이것이 직장인으로 꼴값을 못하는 것이고, 사고를 치는 것이지요. 결국 조직을 망하게 합니다.

따라서 직원들의 인성이 먼저 바로 서야 합니다. 그래서 꼴값운동이 일어나야 하고 꼴값하는 직원이 많을수록 조직은 활성화되고 애사심이 높아지며, 조직력이 탄탄해집니다. 이제 인성이 바른 직원들의 손에 우리 조직의 미래가 달렸습니다.

명심보감 정기편에서는 "道吾善者 是吾賊, 道吾惡者 是吾師(도오선자 시오적 도오오자 시오사)"라 했으니, 이를 해석하면 "나를 착하다고 말하여 주는 사람은 곧 내게 해로운 사람이요, 나의 나쁜 점을 말하여 주는 사람은 곧 나의 스승이니라."는 것입니다. 기업교육에서 또 성인교육에서 아부하는 듣기 좋은 말만 할 것이 아니라, 진정 조직의 발전과 상대방의 성공을 위한다면 과감히 바른 말과 충고도 할 수 있는 조직 문화가 만들어져야 합니다.

금번 세월호 사고의 원인 중 하나로 지적되고 있는 것이 과적입니다. 선주는 돈을 더 벌기 위해 불법으로 배를 개조했고, 화물을 더 싣기 위해 평형수를 덜 실었습니다. 그 모습을 직원들은 아무도 몰랐을까요? 이미 사고는 여기서부터 예고된 것입니다. 잘못된 것은 잘못되었다고 지적할 수 있는 조직문화가 절대로 필요한 것입니다.

2013년 4월에 있었던 대한항공 승객 P사 왕 상무 이야기 잘 아시지요? 이 이야기는 왜 기업에서 직원들에게 인성교육을 해야 하는지를 잘 말해 주는 사건입니다. 당시 승무원이 작성한 업무 일지 내용을 중심으로 정리된 글 가운데 일부를 간추려 수정하여 옮겨 봅니다.

★ 탑승 시 – 옆 좌석에 승객이 있는 것을 확인하고 승무원에게 자리가 비어 있지 않다고 욕설을 함. 확인한 후 비상구 좌석으로 옮겨 주려 했으나, 같은 그룹의 상무가 앞좌석에 앉아 있는 것을 확인하더니 자리를 옮기지 않음.

★ 아침 메뉴 주문 시 – 7분 이상 왜 죽이 아니냐며 메뉴판을 응시하여, 메뉴에 죽이 없음을 정중히 안내하자 '이 메뉴는 도대체 누가 정하는 거야?'라고 함. 식사를 제공하자 밥을 젓가락으로 뒤적거리며 밥이 삭았다고 해서 새 밥을 제공함. 그러나 새로 제공된 밥도 삭았다고 삼각 김밥과 라면을 가지고 오라고 하더니, 라면이 덜 익었다고 다시 끓여 오라고 함.

다시 제공하자, 라면이 너무 많이 익었고 짜서 못 먹겠다고 해서 라면을 다시 끓여 제공하자, 덜 익었다며 일부 면을 옆으로 덜어 내고, 접시나 냅킨 등을 바깥 통로로 던져 버림.

★ 기내가 너무 덥다고 하며 19도로 맞춰 달라고 하여 24도인 실내온도를 23도로 조정하고 얼음물을 제공하려 했으나, 진토닉을 주문함. 2분마다 환기되는 항공기 공기순환주기를 1분으로 조정하라고 하여, 좀 더 쾌적한 공간인 Bar에서 휴식을 추천함. 책을 읽던 중 안전벨트 경고등이 켜지자, 안전벨트 착용을 거부하며 화를 냄.

★ 다음 식사 제공 시간 - 취식 여부를 계속 물어봐도 대답 없이 책만 계속 응시함. 그러다가 호출하여 갔더니 "왜 나는 라면 안 줘? 단발머리 애 어디 갔어?"라며 찾았고, 그 승무원이 오자마자 "나 무시해?"라며 보고 있던 책의 모서리로 눈두덩이를 가격함.

FBI에 인계되었던 그는 결국 다시 한국으로 귀국했으며, P사는 블로그와 페이스북에 사과 인사를 게재한 후 자체감사를 진행하고, 보직해임을 결정했다고 합니다.

우리 기업에 정말 똑똑하고 현명한 신입사원들이 많이 옵니다. 하지만 관습적으로 고정된 기업문화에 우리 젊은이들은 적응할 수밖에 없습니다. 그래서 영리하고 똑똑한 신입직원들이 기업문화 속에서 바보가 됩니다. 앞으로 세계로 뻗어 나아가길 원하는 기업은 반드시 인성교육을 해야 합니다. 잘나가는 직장인을 만들기에 앞서, 인간적으로 가슴이 따뜻하고 인간미 있는 교육이 선행되어야 함을 기업체 대표자들이 인지하여야 합니다. 인성이 바른 직원들이 늘어나고 그것이 기업문화가 되면, 그 기업문화는 튼튼한 뿌리가 되어 수백 년 역사의 기업으로 발전할 것입니다.

인성교육, 무엇을 어떻게 해야 하나?

인성교육의 기본은 'Back to the basic'이 되어야 합니다. 즉, 기본으로 돌아가는 교육이 되어야 합니다. 그 기본이란 앞에서 인성교육의 정의를 설명 드리면서도 말씀드렸지만, 중용에서는 말하는 하늘이 명한 것을 찾아 가도록 하는 기본을 말합니다.

세종대왕은 용비어천가에서 "뿌리가 깊은 나무는 바람에 흔들리지 아니하므로, 꽃이 좋고 열매 많으니. 샘이 깊은 물은 가뭄에 그치지 아니하므로, 내가 이루어져 바다에 가느니."라 했습니다. 세찬 풍파에도 흔들리지 않고 꿋꿋하게 살아가기 위해서는 개인이나 조직이나 뿌리 즉, 근본(기본)이 튼튼해야 합니다. 그래서 인성교육에서는 그 뿌리를 튼튼하게 하는 교육이 기본이 되어야 하며, 그 기본은 바로 맹자의 사단설(四端說) 즉, 인의예지(仁義禮智)를 잘 배워 실천하는 선(善)한 삶을 살 때 비로소 기본을 갖춘 것이라 할 수 있습니다.

맹자는 공손추편에서 "無惻隱之心 非人也(무측은지심 비인야)" 측은하게 생각하는 마음이 없다면 사람이 아니며, "無羞惡之心 非人也(무수오지심 비인야)" 부끄러워하는 마음이 없다면 사람이 아니며,

"無辭讓之心 非人也(무사양지심 비인야)" 사양하는 마음이 없다면 사람이 아니며, "無是非之心 非人也(무시비지심 비인야)" 옳고 그름을 판단하는 마음이 없다면 사람이 아니라고 했습니다.

전 국민 인성교육 프로젝트에서는 이 사단설(四端說)을 중심으로 하여 대한민국 모든 사람들이 상식을 실천하고 자신에게 잘 어울리는 "꼴값"을 하도록 하기 위하여 체계적 · 지속적 · 반복적으로 교육할 것입니다. 이렇게 인의예지(仁義禮智)가 실천되는 사회를 만들면 우리 사회는 더욱 신뢰받는 사회, 아름다운 사회가 되고, 외국의 많은 나라들은 대한민국에 투자할 것이며, 우리나라가 세계의 중심에 서게 될 것을 믿습니다.

맹자의 성선설

기독교에서는 사랑, 불교에서는 자비, 유교에서는 인(仁)을 핵심으로 한다는 사실을 모르는 사람은 아마 없을 것입니다. 하지만 인(仁)을 설명하라 하면 단순하게 '어질다' 정도의 설명이 전부일 겁니다. 맹자는 "인의예지는 밖에서부터 나를 녹여 오는 것이 아니고 내가 본래부터 지니고 있는 것이다. 생각지 않은 것일 따름이다. 구하면 얻고 버려두면 잃어버린다."고 했습니다. 다시 정리하면, 맹자는 사람이 태어날 때부터 인의예지(仁義禮智) 네 개의 착한 마음을 가지고 선(善)하게 태어났다고 이야기하고 있습니다. 이제까지 가볍게 알고 있던 인의예지에 대하여 조금 더 깊이 알아보고자 합니다.

인(仁)은 측은지심(測隱之心)

인의예지를 말할 때 '인(仁)'은 '어질 인'입니다. 그리고 어질다는 말을 사자성어로 표현하면 '측은지심(測隱之心)'입니다. 측은지심이란 무엇일까요? 불쌍히 여기는 마음입니다. 이때 '측(側)'은 불쌍하다는 뜻이며, '은(隱)은 은폐, 엄폐의 뜻과 같습니다. 숨는다는 뜻이지요. 그러므로 측은이란 '상대방을 불쌍하게 여기고 도와주되 드러내지 말고 도와라'는 뜻입니다. 이것은 누구를 배려하는 것입니까? 내가 아니라 도움을 받는 사람을 배려하는 것입니다.

생각해 보십시오. 누군가를 도와주면서 "나 이 사람 도와줍니다." 하고 떠벌린다면, 도움 받는 사람이 마음이 편하겠습니까? 지극히 남을 배려하는 마음의 측은지심이 필요합니다. 측은지심만 가지고 착하다고 말할 수는 없지만, 측은지심이 없이 나머지 세 개를 잘한다고 해서 착하다고 이야기하는 것에는 한계가 있습니다. 측은지심을 실천하기 위해서는 상대를 잘 알아야 합니다.

명심보감에 "路遙知馬力 日久見人心(노요지마력 일구견인심)"이라 했습니다. 해석하면 "길이 멀어야 말의 힘을 알 수 있고 날이 오래 지내야만 사람의 마음을 알 수 있느니라."는 의미입니다. 순간적인 삶의 모습은 그 사람의 본모습과 다를 수 있습니다. 오랫동안 함께 하다 보면 그 사람의 본모습을 볼 수 있습니다. 가장 짧은 시간에 사람을 아는 것은 입 즉 "말"을 통해 알 수 있고, "귀"를 통해 경청함으로써 알 수 있습니다. 말과 귀로 듣는다는 것은 마음으로 상대를 받아들이는 것입니다. 상대방이 잘되었으면 하는 '기도(응원)'는 마음으로 상대를 만나야 합니다.

꼴값을 하는 삶을 살기 위해서는 결국 대인관계가 좋아야 합니다. 대인관계를 잘하려면 상대방에 대한 형편과 처지를 잘 알아야 합니다. 그래야 그를 도울 수 있기 때문입니다. 상대방을 잘 모르고 이해하지 못하는데 어떻게 그를 돕겠습니까?

공자께서는 "不患人知不己知 患不知人也(불환인지불기지 환부지인야)"라 했으니, 해석하면 "남들이 나를 알지 못함을 근심하지 말고 내가 남을 모를 것을 걱정할지니라."는 의미입니다. 이는 타인과의 관계에서 나를 알리려는 노력보다는 내가 먼저 상대방을 알고 이해해 주는 것이 관계에 있어서 매우 중요함을 가르치고 있습니다.

그동안 잘 알고 있다고 생각했던 지인에 대하여 아래 빈칸을 채워 보십시오. 비록 열 가지에 지나지 않지만, 결코 쉽지 않을 것입니다. 모두 채우지 못하셨다면 전화해서 또는 커피라도 한 잔 마시면서 물어봐 주십시오. 그의 프라이버시(Privacy)를 침해하라는 것이 아닙니다. 내가 그 지인에 대하여 얼마나 알고 있는지가 중요하고, 그를 위해 내가 뭔가 할 수 있는 일이 있다는 것이 중요한 것입니다.

지인에 대하여 알고 싶은 것이 꼭 아래 칸에 있는 내용일 필요는 없습니다. 독자 여러분께서 알고 싶은 내용이 있으시다면 개인적인 취재리스트를 만드셔도 좋습니다. 10가지뿐 아니라 그 이상이어도 좋습니다. 예를 들면 이름은 누가 지었으며, 뜻은 무엇이고, 어디서 태어났는지 등 자서전의 형태로 질문해도 좋습니다. 취조가 아닌 취재를 하십시오. 마치 신문기자가 된 것처럼 말입니다.

그리고 그 지인에 대하여 새롭게 알게 된 강점이나 장점이 있으면 그에게 알려 주십시오. 정작 본인은 모르고 있을 수도 있습니다. 그리고 내가 지인에 대하여 알고 있는 만큼 그분을 위해 잘되길 응원(기도)해 주십시오.

성명	이름	이름	이름
나이			
고향			
취미			
종교			
가족&형제			
직업			
직업 만족도			
가정에 대하여			
가장 고민하는 것			
좋아하는 것/ 싫어하는 것			

* 내가 더 자세히 알기 원하는 지인이 있다면 몇 명이라도 그분에 대하여 알아보세요.

유시화 씨의 『하늘 호수로 떠난 여행』이라는 책이 있습니다. 그 책에 보면 사람이 평생 가도 가지 못하는 곳이 있는데, 바로 '머리에서 가슴까지'라고 합니다. 머리로는 알지만 머리로 아는 것만 가지고는 되지 않습니다. 우리는 가끔 뭔가를 하기 위해서는 감동을 받아야 한다고 말합니다. 감동은 머리에서 받는 것이 아니고 가슴으로 느끼는 것입니다.

그러면 감성이란 무슨 말입니까? 태어날 때 가지고 태어난 인의예지를 가슴으로 느끼는 것입니다. 내 주위에 어떤 사람이 정말 아무도 모르게 누군가를 도왔고, 나중에 그것을 알게 될 때 우리는 감동을 받습니다. 나는 못하는데 그 사람은 했거든요. 세월호 침몰 순간에 친구들을 구하기 위해 뛰어든 정차웅 군이나 양온유 양 같은 사람입니다. 위험에 처한 친구들을 보며 불쌍한 마음에 뛰어든 것입니다. 이처럼 사람은 누군가를 도울 때 기분이 참 좋습니다. 마음이 따뜻해집니다. 다른 사람이 도와주는 것을 보면서도 마음이 따뜻해집니다. 이것이 인(仁)입니다. 어질다는 것입니다.

맹자는 공손추 편에서 측은지심에 대해 "今人乍見孺子將入於井, 皆有怵惕惻隱之心. 非所以內交於孺子之父母也, 非所以要譽於鄉黨朋友也, 非惡其聲而然也(금인사견유자장입어정, 개유출척측은지심. 비소이내교어유자지부모야, 비소이요예어향당붕우야, 비오기성이연야)."라고 설명하고 있습니다. 어떤 어린애가 우물에 빠져 들어가는 것을 본다면, 누구나 깜짝 놀라면서 얼른 어린아이를 번쩍 들어 안을 것입니다. 순간 발동한 불쌍하게 생각하는 마음이 생겨 그렇게 한 것입니다. 이것은 그 어린애의 부모와 친해 보려고 해서 그런 것도 아니고, 마을 사람이나 친구들에게 칭찬을 받기 위해서 그러는 것도 아니고, 또 구해 주지 않는 데 대한 비난의 소리를 듣기 싫어서 그런 것도 아닙니다. 이것이 사람의 본마음이라는 것입니다. 이때 측은지심은 "남을 불쌍하게 여기는 타고난 착한 마음"을 의미합니다. 그리고 이 측은지심이 인(仁)의 단서(실마리), 즉 기본이 된다고 하였습니다.

우리 주변에 측은지심과 관련한 사례는 무수히 많습니다. 해마다 여름이면 물놀이 현장에서 익사 사고가 발생합니다. 그때 자기 목숨 중한 것을 잊고 순간적으로 물속으로 뛰어드는 사람이 있습니다. 그렇게 하여 물에 빠진 사람을 구조하기도 하지만, 때론 사람은 구하고 자신은 빠져나오지 못하는 경우를 종종 봅니다. 극단적인 사례를 말씀드렸지만, 이때 이 사람의 마음에 측은지심이 강하게 영향을 주었다고 할 수 있습니다.

우리가 잘 알고 있는 의좋은 형제 이야기 아시지요? 이때의 마음도 측은지심에서 온 것입니다. 가족이 많은 형님의 살림살이를 걱정하는 안쓰러운 마음, 동생의 신혼살림을 위해 더 많은 것이 필요하겠다는 마음, 즉 상대방을 측은히 여기는 마음이 바로 측은지심이고 이것이 바로 인(仁)입니다.

최근에 저는 저장되지 않은 전화번호로부터 메시지를 받았습니다. 스팸메시지려니 했는데, 자세히 내용을 보니 수원 집 주변 주차장에 주차한 제 차에 비상등(깜빡이)가 켜 있다는 메시지였습니다. 그때 저는 서울 강남에 있었습니다. 아무래도 배터리가 방전되어 고생할 제 모습을 생각하니 측은지심의 마음이 불현듯 생긴 모양입니다. 저는 그분께 감사의 메시지를 보냈고, 이런 동일한 사례가 발생하면 저도 문자를 보내 줍니다.

실용 음악을 공부하는 C군은 아르바이트로 보컬트레이너를 합니다. 그런 C군에게 여러 지역에서 소문을 듣고 개인 레슨 요청이 들어오곤 한답니다. 그러면 우선을 학원등록을 하여 정식으로 배우도록 안내하고, C군이 강사로 있는 학원과 가까운 학생들은 그 학원으로 등록하기도 한답니다.

그런데 일부 몇 명은 가정 형편상 꿈이 있음에도 학원등록을 포기 하는 경우가 종종 있답니다. 그러면 C군은 개인면담을 통해 진짜 경제적인 이유로 포기하려는 학생에게는 이렇게 말한답니다.

"진짜로 경제적인 것이 문제라면 개인적으로 찾아와라! 대학 합격할 때까지 개인지도 해 줄게. 레슨비는 신경 쓰지 마. 그리고 네 꿈을 포기하지 마! 알았지?"

이것이 측은지심의 마음입니다. 누구나 가지고 있는 마음이지만 아무나 사용하지 않는 정말 아름다운 마음. C군의 아름다운 마음을 생각하면 선배로서 실천하지 못하는 모습이 부끄럽습니다.

다음 이야기는 한때 SNS를 뜨겁게 달군 한 젊은이의 성공 이야기입니다. 그 이야기 중심에 측은지심이 있어 소개하고자 합니다.

20대 중반의 젊은 사장이 낡은 트럭 한 대를 끌고 미군 영내 청소를 하청받아 사업을 시작했습니다. 처음에는 운전하는 일을 맡은 그가 물건을 실어서 인천에서 서울로 돌아가는 길이었습니다. 그런데 외국 여성이 길가에 차를 세워 놓고 난처한 표정으로 서 있는 모습이 보였습니다.

그냥 지나치려던 그는 차를 세우고 사정을 물어보았더니, 차가 고장 났다며 난감해했습니다. 그는 무려 1시간 30분 동안이나 고생해서 차를 고쳐 주었습니다. 외국 여성은 고맙다면서 상당한 금액의 돈을 건넸습니다. 하지만 그는 "우리나라 사람들은 이 정도의 친절은 베풀고 지냅니다."라며 돈을 받지 않았습니다. 그러면 주소라도 알려 달라고 조르는 그 외국 여성에게 그는 주소만 알려 주고 돌아왔습니다.

그다음 날, 그 외국 여성은 남편과 함께 찾아왔습니다. 그 남편은 바로 미8군 사령관이었습니다. 그 여성은 미8군 사령관의 아내였던 것입니다. 그녀의 남편인 미8군 사령관은 그에게 직접 돈을 전달하려 했지만, 그는 끝내 거절했습니다. "명분 없는 돈은 받지 않습니다. 정히 저를 도와주시려면 명분 있는 것을 도와주시오."

그러자 사령관이 물었습니다. "명분 있게 도와주는 방법이 무엇입니까?"

"나는 운전사입니다. 그러니 미8군에서 나오는 폐차를 내게 주면, 그것을 인수해서 수리하고 그것으로 사업을 하겠소. 폐차를 인수할 수 있는 권리를 내게 주시오."

사령관으로서 고물로 처리하는 폐차를 주는 것은 어려운 부탁도 특혜도 아니었습니다. 그렇게 해서 만들어진 기업이 바로 대한항공입니다. 오늘날의 한진그룹은 이렇게 우연한 인연에서 시작되었습니다. 이 이야기는 조중훈 회장의 실화입니다.

이렇게 작은 측은지심의 실천이 오늘날 우리가 해외 나갈 때 타고 가는 대형 비행기 회사가 되었다니, 참으로 놀랍지 않으십니까?

공자께서는 "當仁 不讓於師(당인 불양어사)"라 했으니, 이는 "어짊을 행함에 있어서는 스승에게도 양보하지 않느니라."는 의미입니다. 그러니 이제 우리 사회에서 인성교육을 통해 이 측은지심의 마음이 뿌리내리도록 해야겠습니다.

★ 아래 빈칸에 자신의 주변에서 보았던 측은지심의 사례를 적어 보고, 본인은 어떻게 했는지 또는 어떻게 했어야 했는지에 대하여 적어 보세요.

의(義)는 수오지심(羞惡之心)

세월호 침몰 사고를 접하면서 어른들이 가장 많이 한 말은 아마도 '어른으로서 부끄럽다. 어른으로서 미안하다.'일 것입니다.

'의(義)'는 어떤 의미일까요? 사람으로서 지키고 행하여야 할 바른 도리를 말합니다. 의(義)에 대한 사자성어는 '수오지심(羞惡之心)'입니다. 수오지심(羞惡之心)이란 '자기의 옳지 못함을 부끄러워하고, 남의 옳지 못함을 미워하는 마음'이라고 할 수 있으며, 이는 곧 의

(義)의 단서가 됩니다.

'수(羞)'는 수치스럽다는 뜻이고 '오(惡)'는 미워하다는 뜻입니다. 그러니까 이 말은 나의 잘못한 행동에 대하여 수치를 느끼고, 다른 사람의 그런 행동하는 것을 미워하는 마음을 뜻합니다. 우리 사람들은 이 수오지심이 점점 개발되면 잘못한 것에 대한 수치를 느낄 뿐 아니라 수치를 느끼지 않기 위해서 잘하려고 노력하게 됩니다. 더 성장이 되면 잘못한 것을 바르게 하기 위해서 노력하게 되는데, 내 목숨을 걸고라도 합니다.

2012년 광복절 즈음해서 페이스북에서 일제 만행과 관련된 사진이 돌아다녔습니다. 작두에 독립군의 목을 놓고 자르는 모습입니다. 이런다고 독립군이 없어졌습니까? 그 이후에도 우리 독립군들은 계속해서 독립운동을 했습니다. 그들은 나도 저렇게 될 수 있다는 생각을 하면서도 계속했습니다. 우리는 그분들을 '의사(義士)'라고 부릅니다. 오늘의 대한민국은 부끄러운 일본의 행동에 항거한 우리 조상들이 목숨 걸고 찾아온 것입니다.

이제 다시 우리 스스로 부끄러움은 없는지 찾아보아야 합니다. 직장에서 또는 여러분이 있는 조직에서 여러분의 윗분들이 옳지 않은 일을 하거나 지시를 한다면, 옳지 않은 일임을 끝까지 주장하는 용기가 필요합니다. 그것이 분명 옳지 않다면 말입니다. 이것이 바로 의이고, 수오지심(羞惡之心)입니다.

수오지심의 마음, 자기성찰부터

'반추동물'이라는 단어를 들어 보셨습니까? 반추동물은 소화 과정에서 한 번 삼킨 먹이를 다시 게워 내어 씹어 다시 먹는 특성을 가진 동물로, 위가 네 개의 방으로 나뉘어 있다고 합니다. 기린·사슴·소·양·낙타 등 대부분 초식동물인데, 이들은 약자이기 때문에 먹이를 빨리 먹고 숨어서 차근차근 소화를 시켜야 합니다. 그러기에 반추동물의 위(밥통)는 4개인 것이죠. 1번 위는 저장하는 창고입니다. 2번 위는 되새김질하며 큰 조각은 다시 1번 위로 보냅니다. 3번 위는 되새김을 통해 더욱 잘게 부수고, 4번 위는 소화 가능해진 죽 같은 상태의 것을 장으로 내려 보냅니다.

아리스토텔레스는 "사람은 생각하는 동물이다"라고 했습니다만, 사람은 생각하는 기능이 굉장히 약합니다. 우리가 어떤 일을 할 때 과정이나 결과를 지켜보면서 "도대체 당신 생각이 있는 사람이야, 없는 사람이야?"라는 말을 쓰곤 합니다. 그럼에도 사람은 생각의 반추동물입니다. 지금까지 자기가 살아온 인생을 주기적으로 돌아보는 반추의 시간이 필요합니다. 즉, 생각을 한다는 것은 자신을 돌아보는 것입니다.

매년 여름 휴가철을 지나면서 잊지 않고 TV뉴스에 방송되는 모습이 있습니다. 무질서한 모습과 더럽게 버려진 쓰레기들입니다. 나만 즐겁게 휴가를 보내면 되는 것이 아니라, 내 뒤에 그 자리를 찾아오는 사람도 즐겁고 행복한 시간을 보내야 합니다. 그러기에 그 자리를 떠날 때는 뒤를 잠시 돌아봐야 합니다. 내가 사용하고 간 자리가 더럽지는 않은지, 다른 피서객이 왔을 때 더럽다고 인상 쓰지는 않을지 돌아보아야 합니다.

사람은 그 자리에 있을 때도 좋은 평가를 받아야겠지만, 사람이 그 자리를 떠난 뒤에 그 사람의 있던 자리를 보면서 내리는 평가가 훨씬 더 객관적이고 중요합니다. 있을 때도 잘해야겠지만, 떠난 뒤에 나의 좋은 이미지를 남기는 것은 더욱 중요합니다. 이것이 자기 성찰입니다.

저자는 최근에 5년 만에 이사를 했습니다. 이사할 곳이 가까운 거리이다 보니 포장 이사를 하지 않고 근 한 달에 걸쳐 승용차로 작은 짐을 나르고 큰 짐만 화물차를 이용했습니다. 이삿짐을 정리하던 중 필요 없는 옷, 가구, 책 등 왕창 버렸습니다. 하지만 매일 사용하는 식기류나 제가 필히 보아야 하는 서적들은 오래된 책이라도 가지고 왔습니다. 그리고 무겁고 낡은 책장은 버리고 새 책장을 몇 개 샀습니다.

이 글을 읽는 시점에 여러분이 살고 계신 달력은 몇 월일까요? 다행히도 연말 연초라면 더욱 좋겠습니다. 이제 어느 누군가는 새해로 이사 가려고 준비하고 계신 것입니다. 또 어느 누군가는 새해로 이사를 와서 짐을 정리하려고 하고 계신 것입니다.

그렇다면 그대로 유지하여 가져갈 나의 생각이나 습관, 삶의 태도는 무엇입니까? 그리고 두 번 다시 생각하지 말고 버리고 가야 할 것은 무엇입니까? 또한 새해를 새롭게 만들기 위해 반드시 새로 만들어야 할 삶의 습관과 생각은 무엇입니까?

논어 학이편에서 증자는 "吾日三省吾身. 爲人謀而不忠乎? 與朋友交而不信乎? 傳不習乎?(오일삼성오신. 위인모이불충호? 여붕우교이불신호? 전불습호?)"라고 자신을 돌아보았습니다. 뜻을 살펴보면 "나는 날마다 다음 세 가지에 대하여 나 자신을 반성한다. 남을 위하여 일을 하면서 진심을 다하지 못한 점은 없는가? 벗과 사귐에 있어 신의를 지키지 못한 것은 없는가? 배운 것을 제대로 익히지 못한 것은 없는가?"입니다.

그래서 오늘 지난 과거의 삶을 반성하고 새로운 삶을 계획하고 새로운 인생을 준비하면서 자신의 과거 모습을 돌아보는 자기 성찰의 시간 즉, 반추의 시간을 가져 보겠습니다. 아래의 표에 자신, 가족, 친구, 직장(또는 직업)에 대하여 지금까지 잘 왔기에 그대로 유지해도 되는 것은 무엇인지 적어 보시고, 두 번째는 이 대상들에 대하여 버릴 것은 무엇인지 적어 보시고, 마지막으로 세 번째는 새롭게 만들 것이 무엇인지 적어 보겠습니다. 그리고 지금까지 자신의 인생을 성찰해 보는 시간이 되시길 기대합니다.

구분	유지할 것	버릴 것	만들 것
자신			
가족			
직장(직업)			
기타(　　)			

작성이 끝나면 예쁘게 프린트하시어 책상 앞에 붙여 두시거나 지갑에 넣고 다니면서 수시로 자신의 모습을 돌아보시며 자신의 삶에 부끄러운 모습을 줄여 나가시길 기대합니다.

수오지심은 누구의 잘못을 지적하고 미워하기 전에 먼저 자기성찰을 통해 자신은 부끄러움이 없는지 돌아볼 필요가 있습니다. "益智書 云 惡罐 若滿 天必誅之(익지서 운 악관 약만 천필주지)"라 했으니 이를 해석하면, "익지서에 이르기를 '나쁜 마음이 가득 차면 하늘이 반드시 벨 것'이다."라고 했습니다. 삶 속에서 부끄러운 삶을 살지 말아야겠습니다. 부끄러운 행동은 내면에서부터 나옵니다. 겉모습이 범죄형이라 해서 모두 범죄자가 되지는 않습니다. 하지만 겉모습은 배우감인데 내면에 가득 찬 나쁜 마음은 하늘로부터 벌 받을 수 있음을 기억하십시오.

연쇄 살인범 강호순을 기억하시는지요? 강호순은 2009년 1월 24일 경기도 서남부 수원, 안산, 용인, 평택, 화성, 의왕, 시흥, 오산, 안양, 군포 지역에서 여성을 연쇄적으로 납치하여 살해한 범죄자입니다. 그의 얼굴이 공개되었을 때 많은 이들이 경악을 금치 못했습니다. 연쇄살인범이라고 할 수 없을 만큼 잘생겼고, 선하게 생겼기 때문입니다. 강호순은 현재 사형이 확정된 상태에서 복역 중이며, 교도소 안에서도 부끄러운 줄 모르고 반성하지 못하고 말썽을 부리고 있는 것으로 알려졌습니다.

간혹 운동하며 인도를 걷다 보면 젊은 애기 엄마나 아빠가 아이 손을 잡고 좌우를 살피다 무단횡단 하는 모습을 보곤 합니다. 이것은 잘못된 행동입니다. 성인이 혼자서 무단 횡단을 하는 것도 문제가 있는데, 더욱이 아이의 손을 잡고 건너는 것은 무단횡단을 가르치는 것과 같습니다. 잘못된 행동이고 부끄러워해야 합니다. 또 그런 사람을 보면 성인으로서 당연히 부끄러움을 느껴야 합니다.

이렇게 어린아이 손을 잡고 무단횡단 하던 엄마는 어느 날, 학교 가는 자녀를 보고 한마디 합니다. "손들고 꼭 횡단보도로 건너라" 저는 이 어머님께 한마디 하고 싶습니다. "어머니, 이미 늦었습니다. 과거에 아이 손잡고 무단 횡단하셨잖아요!"

어느 강의장에서 무단횡단 사례를 말씀드렸더니, 한 주부로부터 문자가 왔습니다. 실제로 그 이야기의 주인공이 자신이었다고, 그래서 아이한테 설명하고 엄마가 잘못한 행동이라고 고백을 했답니다. 그리고 다시는 그런 부끄러운 행동하지 않겠다고 다짐을 했답니다. 순간을 편안하자고 한 우리의 행동이 후배들에게 부끄러운 모습이라는 것을 잠시도 잊지 말아야 합니다.

여기 또 하나의 우리들의 부끄러운 모습을 소개합니다. 세월호 희생자에 대한 추모열기가 한창일 때, 안산 합동분향소 모습을 소개한 기사를 일부 인용하여 수정한 것입니다.

세월호 침몰사고 11일째인 4월 26일, 안산시 단원구 안산실내체육관에 마련된 임시 합동분향소에는 추모객들의 발길이 이어지고 있는 가운데, 일부 추모객들이 장소와 어울리지 않는 복장으로 합동분향소를 찾은 것이 목격됐다. 20대 초반으로 보이는 한 여성은 짧은 청바지를, 두 여성은 속살이 비치는 베이지색 망사 원피스에 무릎 한 뼘 정도 위까지 오는 길이의 짧은 치마를 입고 있었다. 청바지에 선글라스, 야구 모자를 착용하거나 운동복 바지에 슬리퍼를 신은 추모객도 있었으며, 일부 조문객 중에는 흙이 잔뜩 묻은 등산화와 등산 가방을 멘 채 분향소에 들어서기도 했다.

차라리 이런 조문은 하지 않는 것이 나을 뻔했습니다. 놀러 오셨는지요? 희생자에 대한 최소한의 예의도 없고 그들 앞에 조금의 부끄러움도 없는 정말 배우지 못한 상식 없는 행동이 아닐 수 없습니다.

"景行錄 云 大丈夫는 當容人 無爲人所容(경행록 운 대장부 당용인 무위인소용)"이라 했으니, 해석하면 "경행록에 이르기를, '대장부는 마땅히 남을 용서할지언정 남의 용서를 받는 사람이 되지 말 것'이니라." 했습니다. 즉, 부끄러운 일을 하지 말라는 의미이겠지요?

하지만 우리 사회는 정치 · 경제 · 사회 · 문화 심지어 교육과 종교까지도 깨끗한 곳이 없습니다. 모두가 뇌물과 뒷거래가 판을 치고 있고, 사필귀정(事必歸正)으로 결국은 유명인들이 수갑을 찬 모습을 TV뉴스를 통해서 자주 보게 됩니다. 그런데 그 모습도 자세히 보면 작은 죄를 지은 사람은 얼굴을 가리는 행동으로 최소한의 수치심을 알지만, 큰 죄를 지은 사람들은 더욱 당당하게 얼굴을 드러내는 모습을 볼 수 있습니다.

특히, 김○○ 제주지검장의 길거리 음란행위는 정말 경악을 금치 못할 사건이 아닐 수 없습니다. 이외에도 수많은 사람들이 지금 이 시간에도 자신의 신분과 상관없이 부끄러운 일을 하고 있습니다. 이들은 사람이 아닙니다. 그야말로 금수와 같다고 할 수 있습니다.

최근 SNS를 통해 접한 글이 있습니다. 이 또한 수오지심을 생각하게 하는 글이라 여러분과 공유하기 위해 올려 봅니다.

빵을 만들어 마을 사람들에게 공급하는 빵장수와 그에게 매일 아침마다 버터를 공급해 주는 가난한 농부가 있었다. 그런데 어느 날, 빵장수는 납품되는 버터를 주시하더니, 문득 정량보다 조금 모자라다는 생각이 들었다. 그래서 며칠 동안 버터를 일일이 저울로 달아 보았는데, 예상대로 정량보다 조금 모자랐다. 화가 난 빵장수는 법정에 버터를 납품하는 농부를 고발했다.

그런데 재판장에서 농부가 한 진술은 재판장을 비롯한 그곳에 모인 모든 사람들을 놀라게 했다. 버터를 공급했던 가난한 농부의 집에는 저울이 없던 탓에, 빵장수가 만들어 놓은 1파운드짜리 빵의 무게에 맞추어서 버터를 잘라 납품했다는 것이다. 결국 그 빵장수가 조금이라도 이익을 더 남기기 위해 빵을 더 작게 만들었고, 농부는 그것도 모른 채 정량보다 작은 빵에 맞추어 버터를 만들었던 것이다. 결국 대가는 고스란히 빵장수가 치러야 했다.

참으로 어리석은 빵장수 아닌가요? 자신의 부끄러운 모습을 보지 않으려 하고 타인의 죄만 보려한 정말 한심한 사람입니다. 스스로 자기 무덤을 팠으니 말입니다.

여기 또 하나의 아름답고 가슴 뭉클한 수오지심과 관련된 사연이 인터넷을 돌고 있어 여러분께 소개하고자 합니다. 한두 번은 읽으셨겠지만, 내가 순대국집 주인이라면, 내가 이 모습을 지켜본 사람이라면 어찌 행동했을까를 생각해 보는 계기가 되시길 바랍니다.

얼마 전 숙취로 속이 쓰려 순대국집에서 순대국 한 그릇 기다리고 있을 때였습니다. 음식점 출입문이 열리더니, 여덟 살쯤 되어 보이는 여자아이가 어른의 손을 이끌고 느릿느릿 안으로 들어왔습니다. 두 사람의 너절한 행색은 한눈에도 걸인임을 짐작할 수 있었지요. 퀴퀴한 냄새가 코를 찌르자, 주인아저씨는 자리에서 벌떡 일어나 그들을 향해 소리쳤습니다.

"이봐요! 이렇게 손님이 없는데…… 다음에 와요!"

아이는 아무 말 없이 앞 못 보는 아빠의 손을 이끌고 음식점 중간에 자리를 잡았습니다. 그제야 주인아저씨는 그들이 음식을 먹으러 왔음을 알아차렸습니다.

"저어…… 아저씨 순대국 두 그릇 주세요."

"미안하지만 지금은 음식을 팔 수 없구나. 거긴 예약 손님들이 앉을 자리라서 말이야."

그렇지 않아도 주눅이 든 아이는 주인아저씨 말에 낯빛이 금방 시무룩해졌습니다.

"아저씨, 빨리 먹고 나갈게요. 오늘이 우리 아빠 생일이에요."

아이는 눅눅해진 천 원짜리 몇 장과 한 주먹의 동전을 꺼내 보였습니다.

"알았다. 그럼 빨리 먹고 나가야 한다."

잠시 후 주인아저씨는 순대국 두 그릇을 갖다 주었습니다.

"아빠, 내가 소금 넣어 줄게."

아이는 그렇게 말하고는 소금 대신 자신의 국밥 그릇으로 수저를 가져갔습니다. 그리고는 자기 국밥 속에 들어 있던 순대며 고기를 모두 떠서 앞 못 보는 아빠의 그릇에 가득 담았습니다.

"아빠, 이제 어서 먹어. 근데 아저씨가 우리 빨리 먹고 가야 한댔으니까 어서 밥 떠. 내가 김치 올려 줄게."

수저를 들고 있던 아빠의 두 눈에 눈물이 가득 고였고, 그 광경을 지켜보던 주인아저씨는 조금 전 자기가 했던 일에 대한 뉘우침으로 그들을 바라보지 못했습니다. 그리고 식사를 마친 저는 그 아이와 아버지의 음식 값을 같이 지불하고 식당을 나왔답니다.

여덟 살짜리 꼬마 숙녀가 참 예쁘지 않습니까? 음식 값을 지불하고 가신 그 신사분도 멋있습니다. 걸인으로 생각했던 자신의 행동을 반성하고 부끄러워했던 순대국 사장님도 보기 좋습니다. 우리도 후배들에게 부끄러운 족적을 남기지 말아야합니다. 그래서 이제 인성교육이 더 활성화되어 우리들 한 사람 한 사람이 금수가 아닌 사람으로 살아갈 수 있길 기대해 봅니다. 자신의 행동에 부끄러워 할 줄 알고 수치심을 느끼며 그러지 않기 위해 매일 매일 반성하고 바로 잡으며 살았으면 좋겠고, 우리 국민 모두가 그렇게 자신을 돌아보는 삶을 살 수 있길 기대합니다.

의(義)는 우리 삶 속의 기준이 되어 생활화되어야 합니다. 그리고 기준의 예외는 최소화되어야 합니다. 기준이 생활화되지 않는 것은 엄(嚴)함이 없기 때문입니다. '엄(嚴)하다'는 것은 '규율이나 규칙을 적용하거나 예절을 가르치는 것이 매우 철저하고 바르다'는 것입니다. 그러기에 특히 의(義)는 자신에게 더 엄해야 한다고 생각합니다. "똥 묻은 개가 겨 묻은 개 나무란다"란 속담이 있습니다. 자신의 과오는 보지 못하고 타인의 과오만 엄하게 보는 것입니다.

예외가 일상생활이 되면 방종(放縱)이 됩니다. 방종이란 제멋대로 행동하여 거리낌이 없음을 말합니다. 나와 가까이 있는 사람이 나의 바람직하지 못한 것을 꼬집는다면 어떤 말을 할까요? 감사해야 합니다. 그는 나를 진정으로 사랑하고 아끼는 진정한 친구입니다. 의(義)는 나를 바르게 세우는 것에서부터 시작됩니다.

★ 주변에서 보았던 부끄러운 사례를 찾아 적고, 나는 그렇게 살지 않겠다는 각오 또는 다짐을 기록해 보시기 바랍니다.

내가 본 모습

나의 다짐

예(禮)는 사양지심(辭讓之心)

최근 '선배들이 가장 선호하는 후배 신입 사원'이라는 한 설문조사에서 1위를 차지한 항목이 '예의 바른 후배'였습니다. 중국인은 예로부터 우리나라를 예의 밝은 민족의 나라라고 하여 '동방예의지국'이라 평가했습니다. 산해경(山海經)에 의하면 중국인들은 우리나라를 '해 뜨는 동방의 예의지국' 또는 '군자국(君子國)'으로 일컬어 왔답니다. 중국 요순시대(堯舜時代)의 공자도 자기의 평생소원이 뗏목이라도 타고 조선에 가서 예의를 배우는 것이라고 하였다고 합니다.

중국인들은 예로부터 우리의 민족성을 가리켜 "어진 사람(仁人)이니 사양하기를 좋아하여 다투지 아니한다(好讓不爭 · 호양부쟁)" 혹은 "서로 도둑질하지 않아 문을 잠그는 법이 없으며, 여자들은 정숙하고 믿음이 두터우며 음란하지 않다."고 하며 칭찬했습니다.

'예(禮)'는 '예도 례', '예절 례'입니다. 예(禮)에 대한 사자성어는 사양지심(辭讓之心)입니다. 사양이란 자기에게 이로운 것을 겸손하게 응하지 않거나 받지 아니하고 양보함의 뜻을 가지고 있습니다. 쉽게 말씀드리면, "저는 부족합니다. 전 괜찮습니다."라고 하며 자신을 낮추고 상대방을 높이거나 양보하는 것입니다.

이 사양지심(辭讓之心)을 가장 쉽게 설명한다면 '겸손(謙遜)'이란 단어를 쓸 수 있습니다. '겸(謙)'자의 많은 뜻 중에 하나가 자신을 낮춘다는 것입니다. 흔히 존중한다는 것은 상대방을 높이는 것입니다. 그런데 사람은 상대방을 높일 수가 없습니다. 높일 수 없기 때문에 자신을 낮추면 됩니다. 이것이 '겸(謙)'입니다. 다음에 '손(遜)'자를 해석해 보면 '뒤따른다'는 뜻이 있습니다. 합쳐서 해석하면 '자신을 낮추어 뒤따른다'라는 뜻입니다.

겸손의 모습을 정확하게 머리에 그리도록 하기 위해서 예를 하나 든다면, 옛날에 신하가 왕에게 아침 문안을 드릴 때는 큰절을 했습니다. 이것을 '고두배(叩頭拜)'라고 하는데, 머리로 바닥을 세 번 두드리면서 하는 절입니다… 이 고두배는 임금을 가장 높이는 예의(禮義)입니다.

옛글에 "君使臣以禮면 臣事君以忠(군사신이례 신사군이충)"이라는 말이 있습니다. 이 뜻은 임금은 신하를 예로 대하고, 신하는 임금을 충으로 대한다는 뜻입니다. 예는 상대방을 존중하는 것입니다. 후배가 선배에게 예의를 차리는 것을 우리는 당연하다고 말합니다. 그런데 선배가 후배에게 예의를 차린다, 상사가 아랫사람인 나에게 예의를 차리면 아랫사람은 감동받습니다. 예의를 차린다는 것은 상대방을 인격적으로 인정한다는 것이기 때문입니다. 특히 남자는 인정해 주는 사람을 위해서 목숨을 버릴 수 있다고 합니다.

여러분 중 그 누구라도 조직에서 관리자의 위치에 계신분이라면 자신을 낮추십시오. 그리고 아랫사람에게 다가갈 때는 웃으면서 다가가십시오. 이것이 존중입니다. 선배(상사)가 나에게 인사하며 다가오고, 상사가 내게 먼저 인사하면 감동받지 않겠습니까? 내가 예의를 차림으로써 상대방이 나에게 예의를 다하면 우리는 마음의 감동을 받습니다. 그리고 상대방을 존중한다는 가장 기본적인 것 하나가 바로 표정입니다. 밝은 표정으로 다가가 손을 내미십시오.

당신 편이 많아집니다.

예(禮)의 삶을 위해서는 선배들이 먼저 솔선수범(率先垂範)해야겠습니다. 단순히 냉수만 위아래가 있는 것이 아니라 사양하는 것도, 겸손한 것도, 심지어 인사를 하는 것도 선배가 먼저 보여 줄 때 후배들은 감동을 받고 그 선배를 존경하게 된다는 사실을 인식하시고 먼저 보여 주십시오.

최근 인터넷을 통해 돌고 있는 '어느 부모가 자식에게 보내는 편지'라는 글을 읽어 보셨지요? 원작의 출처를 알 수 없지만, SNS를 통해 배달된 것을 일부 수정하여 함께 읽어 보고자 합니다.

사랑하는 아들딸들아!

언젠가 어머니 아버지가 늙어 약해지고 지저분해지거든 인내를 가지고 우리를 이해해 주렴. 늙어 음식을 흘리며 먹거나 옷을 더럽히고 옷도 잘 입지 못하게 되면, 너희들이 어렸을 적 어머니가 먹이고 입혔던 그 시간들을 떠올리면서, 미안하지만 조금만 참고 받아다오.

우리가 늙어 했던 말을 하고 또 하더라도 중간에 말을 끊지 말고 끝까지 들어다오. 너희들이 어렸을 때, 즐겨 듣고 싶어 했던 이야기들을 보채는 너희에게 어머니 아버지가 너희들 잠이 들 때까지 셀 수 없이 되풀이하면서 들려주지 않았니.

혹시 어머니 아버지가 신세대 기술을 모르고 무심하거든 우리에게 잘 가르쳐다오. 너희들에게 얼마나 많은 것을 가르쳐 주었는지 기억하니? 상하지 않은 음식 먹는 법, 옷을 맵시 있게 잘 입는 법, 너희들의 입장과 권리를 주장하는 방법 등…….

아직 치매는 아니라지만 기억력이 약해진 어머니 아버지가 무언가를 자주 잊어버리거나 말이 막혀 대화가 잘 안 될 때는 기억하는 데 필요한 시간을 좀 내어주지 않겠니? 그래도 혹시 기억을 못해 내더라도 너무 염려하지는 말아다오. 왜냐하면 그때 우리에게 가장 소중한 것은 너희들과의 대화가 아니라, 우리 모두 너희들과 함께 있다는 것이고, 아버지 어머니의 말을 이해해 주는 너희들이 있다는 것이 중요하기 때문이란다.

다리 힘이 없고 쇠약하고 잘 걷지 못하게 되거든 지팡이를 짚지 않고도 걷는 것이 위험하지 않게 도와줄 수는 있니? 너희들이 뒤뚱거리며 처음 걸음마를 배울 때 어머니가 너희들에게 한 것처럼 너희들 손을 우리에게 빌려다오.

언젠가는 더 이상 살고 싶지 않다고 말하면 우리에게 화 내지 말아다오. 너희들도 언젠가 우리를 이해하게 될 테니 말이다. 파뿌리가 된 우리의 나이테는 그냥 단순히 살아온 것을 이야기하는 것이 아니라, 어떻게 생존해 있는가를 말하고 있음을 이해해다오.

비록 너희들을 키우면서 많은 실수를 했어도 어머니 아버지는 부모로서 줄 수 있는 가장 좋은 것들과 부모로서 보여 줄 수 있는 가장 좋은 삶을 너희들에게 보여 주려고 최선을 다했다는 것을, 언젠가는 깨닫게 될 것이다.

내 사랑하는 아들딸들아, 네가 어디에 있든지 너희들이 무엇을 하든지 너희를 사랑하고 모든 것을 사랑한단다.

이 글을 읽은 후 소감을 여쭈어도 되겠습니까? 제목은 부모가 자녀에게 보내는 편지이지만, 돌이켜 생각해 봅시다. 오늘 나는 내 부모에게 그렇게 하고 있는지를……. 예(禮)는 효(孝)와 무관하지 않습니다. 내가 부모에게 효하는 모습 그리고 편지글에서 부모가 자식에게 바라는 행하는 모습, 그것이 효이고 그것을 자식들에게 보여 줌으로써 가르쳐야 합니다.

이제 우리들의 자녀를, 후배를, 제자를 예(禮)를 아는 사람으로 키워야 합니다. 부모에게 효도하고, 친구를 배려하고 양보하며, 만인 앞에 겸손하게 살도록 가르쳐야 합니다. 그렇게 가르치지 못한다면 결코 그들을 사랑한다고 말할 수 없습니다.

예(禮)에 대한 실습으로 가장 좋은 것은 세족입니다. 우리들은 사람의 신체 중 발을 가장 더럽게 생각합니다. 냄새도 나고 무좀도 있어서 그럴 것입니다. 하지만 발은 제2의 심장이라고 할 만큼 중요합니다. 그 발이 내 몸 전체를 받들고 있습니다. 하지만 가장 낮은 곳에서 천대를 받고 있습니다. 발을 닦는다고 하는 것은 가장 낮아지는 것입니다.

기독교의 예수 시대에도 발은 더러운 것으로 상징되어 주인이 외출하고 들어오면 발을 씻기어 안으로 들어가게 했는데, 이때 이 발을 씻는 사람은 원래 그 집의 종이 아니라 전쟁을 통해 잡아 온 노비, 그러니까 그 집종보다 더 아래 신분인 또 다른 종에게 그 일을 하도록 했습니다. 하지만 예수는 손수 제자들의 발을 씻겨 자신이 낮아짐을 실천하였습니다. 또한 마가복음 10장 43절~44절에서 말씀하시길 "너희 중에 누구든지 크고자 하는 자는 너희를 섬기는 자가 되고 너희 중에 누구든지 으뜸이 되고자 하는 자는 모든 사람의 종이 되어야 하리라" 하였습니다. 낮아짐을, 겸손을, 양보를 실천하라는 것입니다.

최근 SNS를 통해 빠르게 전달되고 있는 훈훈한 이야기를 하나 더 소개하겠습니다. 이 이야기는 전라도 광주에서 실제로 있었던 일이랍니다.

광주에서 이름 석 자만 대면 알 수 있는 유명한 할머니 한 분이 있었습니다. 특히 '말'이라면 청산유수라 누구에게고 져 본 적이 없는 할머니였답니다.

그런데 그 집에 똑똑한 며느리가 들어가게 됩니다. 그 며느리 역시 서울의 명문학교를 졸업한 그야말로 똑 소리 나는 규수였습니다. 그래서 많은 사람이 며느리를 걱정했습니다.

그런데 어쩐 일인지 시어머니가 조용했습니다. 그럴 분이 아닌데 이상했습니다. 그러나 이유가 있었습니다. 사실 시어머니는 처음부터 혹독한 시집살이를 시키며 생으로 트집을 잡고 일부러 모욕도 주었습니다. 그러나 며느리는 뜻 밖에도 의연했고 전혀 잡히지 않았습니다. 왜냐하면, 며느리는 그때마다 시어머니의 발밑으로 내려갔기 때문입니다.

한 번은 시어머니가 "친정에서 그런 것도 안 배워 왔느냐?" 하고 생트집을 잡았지만, 며느리가 "저는 친정에서 배워 온다고 했어도 시집와서 어머니께 배우는 것이 더 많아요. 모르는 것은 자꾸 나무라시고 가르쳐 주세요." 하고 다소곳하게 머리를 조아리니 시어머니는 할 말이 없습니다.

또 한 번은 "그런 것도 모르면서 대학 나왔다고 하느냐?"며 공연히 며느리에게 모욕을 주었는데, 며느리는 도리어 웃으며 "요즘 대학 나왔다고 해 봐야 옛날 초등학교 나온 것만도 못해요, 어머니!" 하고 공손하게 말했답니다.

매사에 이런 식이니 시어머니가 아무리 찔러도 소리가 나지 않습니다. 무슨 말대꾸라도 해야 큰소리를 치며 나무라겠는데, 이건 어떻게 된 것인지 뭐라고 한마디 하면 그저 시어머니 발밑으로 기어들어 가니 불안하고 피곤한 것은 오히려 시어머니 쪽이었습니다.

결국 먼저 내려가는 사람이 결국은 이기게 됩니다. 사람들은 먼저 올라가려고 하니 서로 피곤한 것입니다. 나중에 시어머니가 그랬답니다. "너에게 졌으니 집안 모든 일은 네가 알아서 해라."

시어머니는 권위와 힘으로 며느리를 잡으려고 했지만 며느리가 겸손으로 내려가니, 아무리 어른이라 해도 겸손에는 이길 수 없었던 것이지요.

사양지심은 겸손입니다. 양보하는 것입니다. 언제나 큰 사건 사고가 발생하면 꽤 많은 관계자들이 파직을 당하거나 일부는 구속됩니다. 힘없고 약한 아래 직원들 죄인 만들지 마시고 선배들이, 어른들이 사양지심의 마음으로 책임지시길 기대해 봅니다. 또 다른 억울한 사람을 만들지 않기를 바라는 마음입니다. 그 마음은 측은지심과 사양지심에서 옵니다. 그런 당신은 꼴값을 위해 최선을 다하는 것입니다.

★ 주변에서 보았던 사양지심의 사례를 찾아 기록해 보시오.

내가 본 모습

....

나의 실천 다짐

....

지(智)는 시비지심(是非之心)

지(智)는 유교에서 슬기 · 지혜 등을 뜻하는 말로 '알 지(知)'와는 구별됩니다. 즉, 지식이 많다고 해서 지혜롭다고 말할 수 없습니다. 서울대를 졸업한 손자는 지식은 많을 수 있으나, 삶에 대한 지혜는 초등학교 문턱에도 못 가 본 할아버지가 으뜸입니다. 할아버지에게는 삶의 경험이 있기 때문입니다.

그러면 지혜를 얻기 위해서는 경험을 해야 하는데, 명심보감 성심편에 "不經一事 不長一智(불경일사 불장일지)"라 했습니다. 이를 해석하면 "한 가지 일을 경험하지 않으면, 한 가지 지혜도 자라지 않는다."는 의미로 해석합니다. 즉, 지혜를 만들기 위해서는 아는 지식을 행동으로 옮겨 실천해야 한다는 사실을 강조하고 있습니다.

지(智)에 대한 사자성어는 '시비지심(是非之心)'입니다. 이는 어떤 일(상황)에 대하여 옳음과 그름을 가릴 줄 아는 마음 즉, 시시비비를 가릴 줄 아는 마음이며, "是非之心 智之端也(시비지심 지지단야)"라 하여 '옳고 그름을 가리는 마음은 지(智)의 단서(端緖)'라고 하였습니다. 따라서 지(智)는 판단의 근거가 됩니다.

그러면 우리에게 지(智)가 필요한 이유는 무엇일까요? 옳은 것을 선택하고 그대로 가도록 결정하기 위하여 우리에게 지(智)가 필요합니다. 그래서 우리는 지혜로운 사람이 되길 원하는 것입니다.

우리나라의 교육에 대한 관심은 세계 최고라고 합니다. 대부분의 성인들은 대학 졸업장을 가지고 있고, 그뿐 아니라 석 · 박사 또한 많습니다. 결코 나쁜 현상은 아니지만, 학생들이 진로를 결정할 때 부모님께서 지혜로운 도움을 주셨으면 합니다. 자녀의 능력과 적성을 고려하지 않는 진로 결정은 결국 후회를 낳기 때문입니다. 그래서 우리 가정에서 자녀교육을 주로 담당하시는 어머니가 지혜로워야 합니다.

필자는 청소년들을 대상으로 진로 강의를 합니다. 꿈과 목표를 적어 보라고 하면 대체적으로 서울의 아이들은 판 · 검사, 의사 등 일명 사(士) 자 직업을 선호합니다. 그래서 제가 묻습니다. "이것이 진짜 네가 하고 싶은 것이야?" 그러면 돌아오는 답은 이렇습니다. "아니요! 저는 연예인 하고 싶은데 엄마가 이거 해야 한대요." 요즘 아이들 쓰는 말로 "헐"입니다.

또 수능 목표를 적으라 하면 대부분 수능 만점이라고 적습니다. 아무리 학생들의 꼴값이 공부라지만, 그들이 왜 사는지에 대한 이유도 모른 채 꿈을 정하고 목표를 정한다는 것은 난센스라는 생각이 들지 않으시는지요?

필자는 강의를 다니며 꼭 이런 부탁을 합니다. 학생들에게는 "아빠에게 포장마차에 가서 소주 사 달라고 하고 아빠랑 대화 좀 해." 라고 말입니다. 그리고 아빠들에게는 자녀들과 소주라도 한 잔 하며 그들의 꿈을 물어봐 주고, 아빠의 삶을 이야기해 주라고 말입니다. 아빠는 일만 하는 사람이 아니란 것을 들려주라는 것입니다. 그리고 요즘 청소년들과 아버지 간에 절대적으로 필요한 것이 대화입니다. 아버지의 지혜를 들려주십시오.

이런 글을 읽은 적이 있습니다.

4살 때 아빠는 무엇이든 할 수 있다고 생각했고, 7살 때 아빠는 아는 것이 정말 많다고 생각했습니다. 8살 때 '아빠와 선생님 중 누가 높을까?'를 생각했고, 12살 때 '아빠는 모르는 게 많구나!' 하고 생각했습니다. 14살에는 '우리 아빠요? 세대차이나요!' 했고, 25살에 아버지 말씀은 이해하지만 기성세대는 지났습니다. 30살에 '아버지 말씀에도 일리는 있지요.'라고 생각했고, 40살에는 '여보, 우리가 이 일을 결정하기 전에 아버지 의견부터 들어 봅시다.'라 했습니다. 50살에는 비로소 '아버지는 훌륭한 분이셨어!'라는 생각을 하게 되었고, 60살이 되어 보니 '아버지가 살아 계셨다면 꼭 필요한 조언을 해 주셨을 텐데…….' 하는 생각을 하게 됩니다.

이처럼 사람은 나이가 들면서 세상은 지식으로 사는 것이 아니라 지혜로 사는 것임을 느끼게 됩니다. 아버지가 이 세상에 계실 때 아버지의 의견을 묻고 들으셔야 합니다.

필자의 아버지는 무척이나 술을 좋아하셨고, 술 드시고 집에 오시면 어머니와 싸우는 것이 일상이었습니다. 하루 24시간 중 단 1시간도 맑은 정신으로 계신 적이 없으셨고, 초등학교를 다니던 필자와 아우는 늘 술을 사 오는 심부름이 일상이었습니다. 그래서 그 아버지가 싫습니다. 때로는 빨리 돌아가셨으면 하던 때도 있었습니다. 그렇게 원수 같던 아버지가 돌아가신 지 어느 덧 20년이 되었습니다.

지금은 그 아버지가 많이 그립습니다. 보고 싶습니다. 살아 계셨으면 94세가 되셨겠지만, 94년 인생의 지혜를 듣고 싶습니다.

혹시 『주홍글씨』라는 책을 아시는지요? 어느 날 남편인 나다니엘 호오돈이 회사에서 명예퇴직을 했습니다. 슬픔이 가득한 얼굴로 집에 와서 아내에게 사정을 이야기하자, 그의 아내 소피아는 뛸 듯이 기뻐하며 "어머 그럼, 이제부터 당신이 그렇게 좋아하는 글을 쓰면 되겠군요."라며 오히려 기뻐합니다. 나다니엘은 그런 아내 소피아를 보면서 "그럼, 먹고사는 것은 어떻게 하고?"라고 물으니 아내 소피아는 그동안 모아 놓은 현금을 보여 주며 "이 돈이면 앞으로 1년은 먹고 살 수 있어요. 그동안 당신은 글을 쓰면 되잖아요." 하는 것입니다.

이런 아내 소피아의 전폭적인 지지 속에 탄생한 책이 바로 '주홍글씨'입니다. 소피아는 지혜로운 사람입니다. 적어도 자신이 할 행동에 대하여 시시비비를 가릴 줄 알고 실천할 줄 아는 여인입니다.

생활 속에 실천해야 할 시비지심은 또 무엇이 있을까요? 모두 운전하시지요? 여러분은 교통신호, 정지신호를 잘 지키십니까? 오늘부터 즉시 시작하십시다. 한밤에 정지선 지키는 것을 지켜보는 사람은 없지만, 신호등 지키는 것, 정지선 지키는 것은 Rule입니다. 본다고 지키고 안 본다고 무시할 수 있는 것이 아닙니다.

지난 1996년 11월 MBC 〈일요일 일요일 밤에〉의 인기코너 '이경규가 간다'에서 신호등 앞에서 자동차 정지선을 지키는 양심적인 사람을 찾아 양심냉장고를 선물로 주던 프로그램을 기억하시는 분은 그리 많지 않으실 겁니다. 첫 회에서 첫 번째 주인공이 탄생했는데, 그들은 아무도 보는 사람이 없는 새벽 시간에도 홀로 정지선을 지켜 양심냉장고의 주인공으로 화제가 됐던 장애인 부부 이종일-김유화 씨 부부입니다. 지금 생각해도 시시비비를 잘 판단한 지혜로운 분들입니다. 당시 누가 진짜 장애인인지, 비장애인들을 많이 부끄럽게 했던 두 분이었습니다.

말은 반드시 하기 전에 판단이 필요합니다. 다음 글은 인터넷을 통해 읽은 글로, 나의 행동, 우리의 행동에 대하여 다시 한 번 생각해 보게 하는 좋은 글입니다.

아주 추운 날, 중요한 모임에 참석한 나는 들어가는 입구에서 한복을 곱게 차려입은 안내원들이 가지고 들어가라는 차를 건네받았다. 복잡하니 뜨거운 차를 급히 마실 수도 없어 가지고 들어갔다. 그리고 넉넉한 받침대에 올려놓고 잠시 사진을 찍기 위해 자리를 비웠다.

곧바로 돌아와 보니 종이컵에 차는 다 엎질러졌고 받침대와 바닥이 온통 찻물로 흥건했다. 그런데 앞자리에 앉은 사람이 아주 얄미운 표정으로 왜 차를 갖다 놓아서 쏟아지게 하냐며 오히려 야단을 쳤다. 알고 보니, 앞자리에 앉았던 그녀가 뒤를 돌아보다가 팔에 걸려 엎지른 것이었다. 나는 순간 황당했다. 자신이 차를 엎질렀으면 미안하다고 사과하고 그 물을 닦아야 할 텐데 오히려 야단을 치다니! 마음이 상했지만 다툴 수도 없는 자리여서 급히 닦을 것을 찾아다 수습했다.

그런데 영 마음이 불편했다. 미안하다는 말 한마디면 나도 오히려 내가 미안하다고 했을 텐데…… 그러고 보니 계속 그런 것만 눈에 띈다. 그녀의 당당함은 좋지만, 자신만이 가장 중요하고 다른 사람의 의견이나 뜻은 무시하는 것이 보였다. 말 한마디에 그녀의 아름다움이 퇴색되고 인격까지 달라 보인 것이다.

우리가 매일 사용하는 말도 판단이 필요합니다. 해야 할 말과 하지 말아야 할 말을 구분할 줄 알아야 합니다. 긍정의 말은 사람을 살리는 말이지만, 부정의 말은 사람을 죽이는 말과 같습니다. 자녀들이 뭔가 잘못을 했다면 회초리로 종아리를 때릴지언정 말로 상처주는 욕은 하지 마십시오. '누굴 닮아 그러냐?', '너 커서 뭐가 될래?' 등……. 누구 닮았겠습니까? 엄마 아빠 자식이 말이죠.

말을 잘 선택하여 사용하는 사람이 지혜로운 사람입니다. '말 한마디로 천 냥 빚을 갚는다'는 속담이 있습니다. 지혜의 말을 선택하여 더 좋은 인간관계를 만들고, 지혜로운 말로 당신의 자녀를 긍정적인 성인으로 키우십시오.

세월로 침몰 사고는 많은 부분에서 시비의 판단이 필요했습니다. 승무원 및 선사 관계자 중 단 한 명만이라도 시비를 분별할 줄 아는 지혜로운 사람이 있었다면, 대형 참사는 일어나지 않았을 것입니다. 과적이 그랬습니다. 사고 지역에 들어섰을 때, 선장이나 고참 항해사가 자리를 지키고 있었다면 어찌 되었을까요? 침몰이 감지된 순간, 승객들에게 빨리 알리고 구명조끼를 입혀 바다로 뛰어내리게 했으면 어땠을까요? 침몰했을 때 이것저것 따지지 말고 빠르게 구조 활동을 했으면 어땠을까요? 어느 한순간 결코 쉽게 판단할 순간은 없었을 것입니다. 하지만 우리의 오판이 300여 명이 넘는 안타까운 희생자를 만들었습니다.

★ 삶 속에 시비지심의 사례를 찾아 적어봅시다. 그리고 같은 상황에서 나는 어떻게 행동했을까에 대하여 적어 봅시다.

내가 본 사례

나라면

신(信)은 선물이다

주변 사람들 중에 확실하게 믿을 수 있는 사람이 있습니까? 있다면 그분의 어떤 행동이 그를 믿게 했습니까? 우리는 삶 속에서 "정직한 사람이 되라, 거짓말하는 사람이 되지 마라, 신뢰 받는 사람이 되라, 믿을 수 있는 사람이 되라"는 말을 어릴 적부터 많이 들으며 살았습니다.

하지만 성인의 삶을 살면서는 "저 사람은 믿을 수 없어, 저 사람이 뭐라면 내 손에 장을 지진다, 입만 열면 거짓말이다" 등 불신(不信)이 가득한 사회 속에 살고 있습니다. 실제로 정치인들이나 대중들의 인기를 먹고 산다는 연예인까지도 믿는 도끼에 발등 찍힌다는 말을 증명하듯, 많은 이들이 따르는 자들을 실망시키고 있습니다.

명심보감 성심편에 "自信者 人亦信之 自疑者 人亦疑之(자신자 인역신지 자의자 인역의지)"라 했습니다. 이를 해석하면 '스스로를 믿는 자는 남도 믿어 주고 스스로를 의심하는 자는 남도 의심한다'는 의미입니다. 자신의 행동에 부끄럽지 않을 때 자신을 믿노라 할 것이고, 지인들의 신망을 받을 것입니다.

이미 고인이 되신 삼성그룹 선대 이병철 회장은 회사를 세계적인 기업으로 키우면서 단 한 번도 직접 결재한 적이 없답니다. 바로 "疑人莫用 用人勿疑(의인막용 용인물의)" 즉, "사람을 의심하거든 쓰지 말고 사람을 쓰거든 의심하지 말지니라."를 몸소 실천하신 분이라 하겠습니다. 이 정도의 신뢰를 받는다면 일하는 사람도 신바람 나지 않겠습니까? 아마 오늘의 삼성그룹이 세계적인 기업이 된 것에는 그런 신뢰가 기반이 되지 않았을까 생각해 봅니다.

다음은 우리나라 국가인 애국가의 가사입니다.

1. 동해물과 백두산이 마르고 닳도록 하느님이 보우하사 우리나라 만세
2. 남산 위에 저 소나무 철갑을 두른 듯 바람서리 불변함은 우리 기상일세
3. 가을 하늘 공활한데 높고 구름 없이 밝은 달은 우리 가슴 일편단심일세
4. 이 기상과 이 맘으로 충성을 다하여 괴로우나 즐거우나 나라 사랑하세

* 후렴 – 무궁화 삼천리 화려강산(~) 대한사람 대한으로 길이 보전하세

이렇게 애국가는 총 4절로 되어 있는데, 보통은 1절만 부르고 말지

만, 큰 행사를 할 때는 가끔 애국가를 4절까지 부르곤 합니다. 4절까지 모두 부를 때 반복해서 부르는 부분이 있습니다. 우리는 이것을 '후렴'이라고 합니다. 애국가 4절을 부를 때 가장 중요한 부분이 어디냐고 묻는다면 역시 후렴입니다. 그러면 선의 노래, 착함의 노래를 부르라 한다면 1절은 인(仁)이고 측은지심입니다. 2절은 의(義)이고 수오지심입니다. 3절은 예(禮)이고 사양지심입니다. 4절은 지(智)이고 시비지심입니다. 그리고 애국가의 후렴처럼 모두와 관계된 것이 있습니다. 바로 신(信)입니다. 신(信)은 노래의 후렴과 같습니다.

강의 중에 인의예지를 말씀드리면 어느 분께서 손을 드시며 "다음은 신(信)이지죠! 인의예지신, 이런 순서 말입니다."고 간혹 말씀하시는데, 이것은 잘못된 생각입니다. 정확히 말씀드리면, 인의예지 다음이 신이 아니라 인의예지를 실천하면 상대방이 나에게 주는 선물이 바로 신(信)입니다.

호흡(呼吸)은 정확하게 말하며 숨을 들이마시고 내쉬고를 반복하는 것을 말합니다. 즉, 들숨만 할 수도 없고 날숨만 하여서도 살 수 없습니다. 그러니까 호흡을 하는 모든 동식물은 호&흡이 되어야 살 수 있습니다. 호(呼)는 내보내는 것이고, 흡(吸)은 받아들이는 것입니다.

우리는 새해만 되면 "복 많이 받으세요."라고 인사하는데, 엄밀히 말하면 이것도 잘못된 표현입니다. '덕 많이 쌓으세요.','덕 많이 지으세요.'가 맞습니다. 이때도 역시 덕(德)은 호(呼)이고, 복(福)는 흡(吸)입니다. 따라서 덕을 쌓아야, 복을 받는 것입니다. 인의예지(仁義禮智)가 호(呼)라면, 신(信)은 흡(吸)입니다. 가만히 있으면 신(信)이 생기는 것이 아니고, 반드시 인의예지를 실천할 때 신을 받는 것입니다.

나라를 지키는 사람을 '군인'이라고 합니다. 그리고 일상에서 범죄를 지키는 사람을 '경찰'이라고 합니다. 이들은 최종적으로 국민을 지키는 사람들입니다. 누군가를 지키고 보호하는 사람들일 경우, 특히나 국민들로부터 신뢰를 받아야 합니다. 신뢰받지 못하는 군인, 신뢰받지 못한 경찰을 우리는 믿을 수가 없습니다.

그러나 사람이 살다 보면 죄는 지을 수 있습니다. 우리 모두에게는 악한 부분이 없지 않아 있기 때문입니다. 하지만 유독 경찰이나 군인이 잘못했을 때 그리고 특히 잘잘못을 가려야 할 선생님이나 교육을 하는 사람이 잘못했을 때, 비판의 수위는 높아집니다.

그렇다면 여러분께서는 여러분 근무 현장에서 많은 동료들에게 인정받고 있습니까? 그렇다면 신뢰받는 것입니다. 따라서 나만이 아닌 나 외에 어떤 사람에 대하여 책임을 맡은 사람이라면, 더군다나 지켜 주어야 하는 책임을 맡고 있는 사람들에게는 특별히 신뢰가 더 중요합니다.

만약에 여러분이 직원들에게 믿음의 점수를 숫자로 받는다면 100점 만점에 몇 점일까요? 함께 근무하는 동료들에게 여러분에 대하여 "믿을 만합니까?"라고 질문을 한다면 어떤 대답이 나올까요? "그럼요."일까요? 아니면 "글쎄요."일까요? 주위 사람들로부터 믿음을 확보하기 위해서는 한마디로 선(善)해야 합니다. 해석하면 착하게 근무해야 합니다. 착하게 근무한다고 하는 것은 인의예지를 실천하는 것입니다. 그래야 신뢰를 받을 수 있습니다.

★ 지인 중에 믿을 만한 사람은 누구이고, 무엇이 그를 믿게 하는지 적어 보세요.

내가 믿는 사람

무엇이 그를 믿게 하는가?

조선 건국과 한양의 4대문 그리고 보신각

현재 우리나라의 국호는 대한민국입니다. 그리고 대한민국 이전의 국호는 '조선'이었습니다. 그러면 우리나라 최초의 국호를 아십니까? 역시 '조선'입니다. 다시 말씀드리면, 최초의 우리나라를 건국한 사람은 단군 왕검이고, 단군은 홍익인간, 즉 '널리 사람을 이롭게 하자'라는 건국이념을 가지고 조선이라는 나라를 세웠습니다.

그런데 고려의 무장 이성계는 역성혁명을 일으키고 1392년 그러니까 고조선 건국 이후 1500년 후에 새로운 나라를 건국하고 태조가 되어 국호를 다시 '조선'이라고 합니다. 이성계는 나라 안의 모든 땅을 백성들에게 골고루 나누어 주어 백성 모두가 편안하고 잘 살게 하고 싶었습니다. 또한 인의예지가 실천되어 신뢰받는 나라를 만들고 싶었습니다. 그런 이성계의 마음과 유학자 정도전의 마음이 일치하며 두 사람은 유학을 조선의 기본 사상으로 삼고 어떤 일을 벌입니다. 이 사실을 오늘을 사는 대한민국 국민이라면 누구나 알아야 한다고 필자는 생각합니다만, 추측하기에 국민의 1%도 이 사실을 알고 있지 않을 것 같습니다.

조선 건국에 함께한 정도전은 유학(성리학)자로, 유학에서 추구하는 내용은 결국 단군 조선의 건국이념인 홍익인간 이념과 같은 것으로서 유학사상에 맞는 국정을 펼치다 보니 자연스럽게 홍익인간의 이념을 실현하는 나라가 만들어지는 계기가 되었습니다. 그리고 옛 조선과 구별되게 하기 위하여 '고(古)'자를 붙여 쓰도록 하여 단군의 조선을 '고조선(古朝鮮)'이라고 했습니다.

유학자 정도전과 더불어 조선 건국의 초석을 다진 이성계는 인의예지가 실천되어 신뢰받는 나라를 만들겠다는 의지를 가지고 자연스럽게 생활 속에 실천되기를 바라는 마음에서, 그리고 인의예지를 교육하기 위해서, 또 윗사람들부터 실천하는 모습을 보여 주기 위해서 인의예지를 상징하는 조형물을 만들었습니다.

조선의 도읍은 한양입니다. 한양에는 왕이 있는 궁궐인 경복궁이 있는데, 이 경복궁을 중심으로 성을 쌓아 왕을 보호하도록 하였습니다. 이것이 한양성입니다. 그리고 한양성에는 8개의 성문을 두었습니다. 4개는 소문이라고 하고 명칭은 혜화문(동북쪽, 동소문), 광희문(동남쪽, 남소문), 소의문(서남쪽, 서소문), 창의문(서북쪽, 북

소문)입니다.

그리고 또 다른 4개는 '대문'이라 불렀으며 거기에는 인의예지(仁義禮智)를 각각 한 자씩 넣어 상징물로 삼았습니다. 그래서 동쪽문은 '仁門', 서쪽문은 '義門', 남쪽문은 '禮門', 북쪽문은 '智門'이라 명명했습니다. 백성들이 항상 4대문을 출입하며 그 의미를 학습하도록 한 것입니다.

흥인지문(興仁之門)

첫 번째 동쪽에 있는 문, 흥인지문(興仁之門)은 1396년(태조 5)에 건립되고 1453년(단종 1)에 중수되었으며, 1869년(고종 6)에 이르러 이를 전적으로 개축하여 현재의 모습을 갖추었습니다. 그리고 1963년 1월 21일 보물 제1호로 지정되었습니다.

처음에는 '흥인문'이었지만 나중에 '흥인지문'으로 하여 4대문 중 유일하게 4자가 되었습니다. 이것은 경복궁에서 바라볼 때 풍수지리상으로 동쪽의 지세가 약하다 하여 '之'자를 추가한 것입니다. '흥(興)'자는 불러일으킨다는 뜻입니다. '인(仁)'자는 어짊을 뜻하니, 어짊을 불러일으키는 문으로 풀이할 수 있겠습니다.

따뜻하면 아지랑이가 올라갑니다. 동쪽에서 태양이 떠오르면 따뜻해집니다. 따뜻해지면 어짊이 일어나 주변 사람들을 돌보게 됩니다. 반면에 추우면 움츠립니다. 흥인지문을 드나드는 모든 사람들은 인(仁)을 생각하면서 출입했을 것이고, 삶 속에 실천했을 것입니다.

돈의문(敦義門)

서쪽문은 돈의문입니다. 일제강점기인 1915년에 일제의 도시 계획에 따른 도로 확장을 핑계로 철거되어, 지금은 그 흔적조차 찾을 길이 없습니다. 다만 원래 자리가 경희궁터에서 독립문 쪽으로 넘어가는 고갯길쯤에 있었을 것으로 짐작됩니다. 그나마 1890년대 말쯤에 찍은 사진을 통해 대략적인 모습을 알 수 있는 것은 다행입니다. 조선시대 서울 서북쪽의 관문(關門)으로 사용된 중요한 사적인데, 일본인들에 의해 함부로 철거된 것은 애석한 일이 아닐 수 없습니다.

'돈(敦)'자(字)는 도타울 돈으로 '서로의 관계에 사랑이나 인정이 많고 깊다'란 의미입니다. 의(義)는 옳음, 즉 정의를 뜻합니다. 그러기에 의는 흔들리면 안 됩니다. 굳건해야 합니다. 배로 이야기하자면, 의는 닻입니다. 배를 타고 바다로 나가서 바다에 닻을 내리면 중심을 딱 잡고 있습니다. 닻을 올리면 배는 떠내려갑니다. 이처럼 의라는 것은 흔들려서는 안 됩니다. 그래서 돈의문은 옳음을 정의를 도탑게 하는 문이란 의미의 문입니다.

의(義)자 때문인지는 잘 모르겠지만, 조선시대에도 옳지 못한 일을 한 사람들을 관가에서 잡아다 처형을 했을 것입니다. 그 처형 장소가 바로 서쪽이었고, 지금의 서소문공원이랍니다. 거기서 처형된 시신은 서쪽문과 남쪽 문 사이를 '소덕문'이라 했는데, 또 다른 말로는 '시구문'이라고 했고 시구문은 시체를 끌어내는 문입니다. 또한 일제강점기 때 독립운동을 하다 잡혀 온 많은 독립군들을 가두었던 곳도 바로 서대문 형무소였습니다. 이렇게 여러 가지 의미가 있는 서쪽문은 돈의문입니다. 정의를 돈독하게 하는 문입니다.

숭례문(崇禮門)

서울 도성의 남쪽 정문이라서 통칭 '남대문(南大門)'이라고 불립니다. 1395년(태조 4)에 짓기 시작하여 1398년(태조 7)에 완성되었고, 1447년(세종 29)에 개축하였으며, 1962년 12월 20일 국보 제1호로 지정되었습니다.

현존하는 서울의 목조건물 중 가장 오래된 건물이었으나, 2008년 2월 나잇값도 못한 채종기의 방화로 큰 상처를 입었습니다. 그리고 약 5년간의 재건축 기간을 거쳐 복원되어 2013년 5월에 우리에게 화려한 팡파르와 함께 돌아왔지만, 또 다른 꼴값 못하는 신○○ 대목장에게 숭례문 복원을 맡겼더니 목재 횡령으로 다시 부실하게 복원되어 초라해진 남쪽 문이 바로 숭례문입니다.

숭례문의 현판은 다른 문과 다르게 세로로 되어 있습니다. 그 이유로 여러 가지가 전해지고 있습니다. 우선 하나는 '불의 산(火山)'이라 일컬어지는 한양 남쪽 관악산의 화기(火氣)를 막기 위해 현판을 통해 맞불을 놓은 것이라고 합니다. 다시 말해, 글씨를 세로로 길게 늘어뜨려 성문 밑을 막고 누르면 화기가 들어오지 못할 것이란 믿음 때문이라는 것입니다.

다른 하나는 논어(論語) 태백(泰伯)에서 찾을 수 있는데, 태백에 말하기를 "興於詩, 立於禮, 成於樂(흥어시, 입어례, 성어락)", 다시 말해 "詩(시)에서 興(흥)이 생기고 禮(예)에서 일어나고 樂(낙)에서는 이룬다."는 말이 그 근거라는 것입니다.

서울성곽 남쪽 문 이름을 禮(예)라 배정해 '숭례문(崇禮門)'이라 짓고 그 현판을 세워 단 까닭이 바로 이 논어 구절 중 '立於禮'에 있다고 했습니다. 즉, 예절은 인간의 행동을 규제하므로 예(禮)에서 생활규범을 세워 나가야 하는 예(藝)의 정신을 담은 문이기에 숭례문의 현판 또한 세워서 달게 되었고 '예(禮)를 통해 사람은 일어난다'는 뜻을 담고 있다는 것입니다.

쉽게 설명하자면, 예(禮)라는 것은 아래 위가 있는 것입니다. 이때 '숭(崇)'자는 '숭상하다, 높인다, 떠받든다'는 뜻입니다. 즉, 예로서 상대방을 떠받든다는 뜻입니다. 또한 예로 상대방을 떠받드는 그 사람을 역시 떠받들어 준다는 것입니다. 이것이 숭이고 숭례문입니다.

숙정문(肅靖門)

서울성곽을 이루는 사대문(四大門) 가운데 하나로, 도성의 북쪽 대문입니다. 1396년(태조 5) 9월 도성의 나머지 삼대문과 사소문(四小門)이 준공될 때 함께 세워졌습니다. 원래 이름은 '숙청문(肅淸門)'으로, 도성 북쪽에 있는 대문이라 하여 '북대문', '북문' 등으로도 부릅니다.

1413년 풍수지리학자 최양선(崔揚善)이 지맥을 손상시킨다는 상소를 올린 뒤, 이 문을 폐쇄하고 길에 소나무를 심어 통행을 금지하였다고 합니다. 이후 숙청문은 음양오행 가운데 물을 상징하는 음(陰)에 해당하는 까닭에 나라에 가뭄이 들 때는 기우(祈雨)를 위해 열고, 비가 많이 내리면 닫았다고 전해집니다.

일반적으로 사람들이 동서남 문은 잘 아는데, 북쪽문은 잘 모릅니다. 왜냐하면 지(智)자가 정식문 이름에 들어가 있지 않기 때문입니다. 북쪽 대문은 '숙정문(肅靖門)'입니다. 유독 숙정문에 인의예지의 지(智)자를 사용하지 않은 이유는 당시, 정도전이 천거한 이름은 '홍지문(弘智門)'으로 지혜를 넓히는 문이라 의미를 담고 있지만, 백성들이 지혜를 얻으면 나라를 다스리는 데 어려움이 있을 수 있다고 생각하는 대신들에 의해 '숙청문'으로 되었다가 후에 숙정문으로 바뀐 것이라 합니다.

'숙정(肅靖)'은 '북방의 경계를 엄하게 하여 도성 안을 평안하고 정숙하게 한다'는 뜻으로 풀이됩니다.

보신각(普信閣)

4대문에서 인의예지에 대한 기(氣)운이 각각 활발하게 나온다고 생각하면, 이 기운이 모이는 곳이 어디이겠습니까? 한양성 내(內)입니다. 그중에서도 중(中)입니다. 한양성 중앙에 이 기운이 모이는 곳에 작은 건축물이 있습니다. 바로 보신각(普信閣)입니다.

옛날이나 지금이나 멀리 퍼지게 하는 기능을 하는 것이 있는데, 바로 종입니다. 요즘도 매년 첫날이면 보신각 종 타종행사를 합니다. 그 타종에는 이 인의예지를 실천해서 신뢰받는 한 해가 되자는 의미가 담겨 있습니다. 생각해 보면, 태조가 조선을 건국하고 홍익인간의 이념을 다시 살리기 위해서 나라의 정책을 수립하면서 만백성을 교육시키기 위한 상징물을 만들었다는 것은 그만큼 인의예지(仁義禮智) 그리고 신(信)이 중요했음을 의미합니다.

인의예지와 신을 오상(五常)이라고 합니다. '溫故而知新 可以爲師矣(온고이지신 가이위사의).' 즉 '옛것을 다시 배워 새로운 것을 깨닫는다면 다른 사람의 스승이 될 수 있다.'란 뜻입니다. 그동안 우리가 잘 몰랐던 4대문의 이름과 의미를 알게 되었으니 이 의미만 후손들에게 잘 가르치면 우리도 스승이 될 수 있지 않겠습니까? 그 가르침은 실천입니다. 이를 통해 신뢰받는 어른이 되는 것입니다.

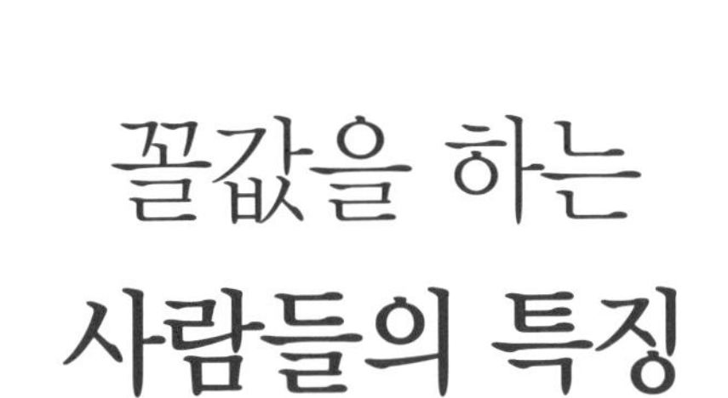

꼴값을 하는 사람들의 특징

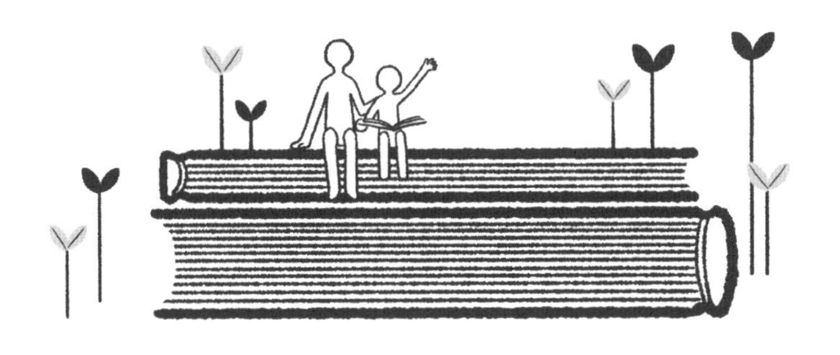

 내가 응원하는 운동팀이 상대팀에게 점수를 내 주었습니다. 이럴 때에는 어떻게 응원을 해야 할까요? 수년 전에 교회별 체육대회가 있었고, 한 젊은 청년에게 응원단장을 맡겼습니다. 그때 이런 구호가 나오는 겁니다.

"괜찮아, 괜찮아, 몸에 좋아!"

순간 응원하던 교우들 모두는 그 응원 구호를 따라 하면서도 얼마나 배꼽을 잡고 웃었는지, 지금도 그 기억은 생생합니다. 참으로 긍정적이지 않습니까?

긍정적으로 생각하며 산다

옛날에 어떤 임금이 이상한 꿈을 꾸었습니다. 그 꿈은 자기의 치아가 몽땅 빠져 버리는 꿈이었습니다. 왕은 나라에서 유명하다는 꿈 해몽가를 불러다 꿈을 해석하게 하였습니다. 해몽가는 꿈을 풀어 해석하여 말하기를, 임금님의 친척들이 한 분씩 죽어서 맨 나중에는 임금님만 살아남게 되는 꿈이라고 해석했습니다.

그러자 기분이 언짢아진 왕은 그 해몽가를 죽여 버리고는 계속해서 또 다른 해몽가를 찾아오라고 했습니다. 그래서 마침내 새로운 해몽가가 임금에게 불려 왔는데, 그는 임금님의 꿈 얘기를 들은 후에 다음과 같이 해석했습니다.

"임금께서는 집안의 모든 친척들보다도 가장 장수해서 오래 오래 사신다는 꿈입니다."

왕은 대단히 기뻐했습니다. 그리고 그 해몽가게 많은 상금을 내렸습니다. 두 해몽가는 똑같은 사실을 똑같이 해석한 것이었지만, 그것이 부정적인 해석이었느냐 아니면 긍정적인 해석이었느냐에 따라서 운명을 전혀 달리했던 것입니다.

'긍정(肯定)'이란 단어에 대한 사전적인 의미는 "그렇다고 인정함, 사물의 일반적 관계를 나타내고 판단의 대상에 적극적 태도를 취함"으로 설명하고 있습니다. 따라서 긍정적인이란 '나와 내 주위에 있는 모든 사람들에게 도움이 되는 쪽으로 생각하는 것'입니다.

인간이 다른 동물과 차별화되는 것은 다른 동물들은 본능에 따라 움직이지만 사람은 생각하고 행동한다는 것입니다. 그러기에 나에게 닥친 상황을 내가 어떻게 생각하느냐에 따라 나의 행불행이 결정된다고 할 수 있습니다.

유대인들은 자녀교육을 할 때 긍정적인 사고와 비전을 강조합니다. 그들은 성경에 등장하는 다윗소년과 거인 골리앗의 싸움을 종종 인용하곤 합니다.

"이스라엘 사람들은 골리앗을 물리치기에는 너무 큰 사람이라고 생각했습니다. 그들은 두려움에 떨며 감히 저항하지 못했습니다. 그러나 다윗은 돌팔매가 빗나가기에는 골리앗의 몸집이 너무 크다며 자신만만하게 덤볐습니다. 의식의 출발점을 어떻게 잡느냐에 따라 전혀 다른 결과가 나타납니다."

그렇습니다. 오늘 하루가 어떤 하루이길 원하십니까? 긍정적인 면만 보십시오.

자동차의 엔진이 정상적으로 작동하기 위해서는 연료, 공기가 필요한데 이것은 에어클리너, 오일필터 즉 여과기를 걸러서 공급했을 때 그 성능을 극대화할 수 있습니다. 흔한 것이 공기라지만 그냥 쓸 수 있는 것이 아니고, 에어필터를 통해 한 번 걸러질 때 엔진은 조금 더 깨끗한 공기를 공급받을 수 있게 되는 것입니다.

사람도 마찬가지로 본능과 충동이 우리의 행동을 지배할 수 있지만, 생각이라는 여과기를 거칠 때 비로소 사람다운 모습으로 살 수 있습니다. 긍정적인 생각으로 아무리 내가 유리한 쪽으로 생각한다고 해서 사회적 · 도덕적 · 윤리적으로 위반되는 모든 행동까지 포함하는 것은 아닙니다.

조직 생활을 하거나 사람을 만나 보면 모든 의견에 '예' 하고 대답하는 매우 긍정적인 사람이 있는가 하면, '아니오' 하는 매우 부정적인 사람이 있습니다. 이렇게 부정적인 사람은 우리나라 최고의 호텔에 방을 예약해 주고 잠을 자라하면 "물침대가 아니군." 합니다. 반면에 긍정적인 사람은 허름한 모텔을 예약해 주어도 "이 날씨에 바람을 피할 수 있다는 것만도 얼마나 감사할 일인가요." 합니다.

세월호 침몰 시 승무원들이 모두 자신은 반드시 살아야 한다는 긍정적으로 생각으로 탈출했다고 주장한다면 딱히 할 말은 없겠지만, 300여 명의 승객이 익사한 것을 생각하면 이해 받고 용서 받기는 쉽지 않을 것입니다.

내가 중요하다면 상대방도 중요합니다. 또한 우리 사회, 더 나아가서는 글로벌 지구촌의 모든 사람들이 소중합니다. 우리는 지금 환경오염으로 엄청나게 파괴되고 있는 자연의 중심에서 살고 있습니다. 과거의 우리 선배들이, 아니 지구에 사는 모든 사람들이 후손들을 생각했더라면, 아니 후손을 위해 조금만 더 긍정적인 생각을 했더라면 오늘날 우리는 이런 온난화 현상이니 라니냐 현상이니 하는 단어를 모르며 살았을 것입니다.

그러니 이제부터라도 우리의 후손을 생각하며 우리가 실천 할 수 있는 것을 실천하며 살아가는 것이 선배 된 우리들이 할 수 있는 꼴값이라는 사실을 명심해야겠습니다.

★ 특정 상황에서 긍정적으로 생각하고 살았던 기억이 있습니까?
당시 상황을 기록해 보고 어떻게 행동했는지 적어 보세요.

적극적으로 행동하며 산다

어떤 일을 할 때 '적극적'이란 말을 자주 듣는 편이신가요? 그렇다면 적극적으로 행동하며 살고 계신 것입니다. 적극적이란 단어의 의미를 사전에서는 '사물에 대하여 긍정하고 능동적인 것'이라고 설명하고 있습니다. 그러니까 적극적으로 행동하는 사람은 처한 상황에 대하여 긍정적으로 생각하고 수동적이지 않고 능동적으로 행동하는 사람입니다.

우리는 연초가 되면 1년의 계획을 수립하고 실천의 의지를 다집니다. 하지만 생각만 하고 행동으로 실천하지 않는 즉, 작심삼일(作心三日)로 끝나고 마는 경우가 더 많습니다. 반드시 적극적으로 실천하는 행동이 절대로 필요합니다. 시도하지 않으면 아무것도 얻을 수 없습니다.

필자는 전문 작가가 아닙니다. 하지만 꼭 글을 써서 책을 내야겠다는 생각을 하였고, 그러한 생각을 지금 실천에 옮기고 있는 것입니다. 곧 제 이름으로 출판될 이 책이 서점에서 판매되고 있겠지요. 그런데 글을 쓰면서 생각해 보니, 이 또한 간절함이 없으면 적극적으로 행동할 수 없을 겁니다.

필자의 직업은 강사입니다. 지난 2014년 세월호 침몰 사고 이후 초청되었던 강의도 취소되는 등 스케줄 공백이 너무 많았습니다. 그래서 강의 스케줄이 없을 때 글을 써야겠다는 생각을 하고 집중하여 초안을 완성했습니다. 그리고 출판이 되기까지는 여러 가지 사정으로 시간이 더 걸리긴 했지만, 그때의 그 적극적인 행동이 오늘의 성과를 만들었습니다.

예전 같으면 세상 탓하고 경제 탓하며 시간만 보냈을 것입니다. 생산성 없이 말입니다. 그러나 이번에는 반드시 글을 쓰겠다고 결심하고 행동(으로)에 옮겨 실천했습니다. 중간에 컴퓨터 오류로 50매 이상 써 놓은 원고를 몽땅 날리기도 했지만 포기하지 않았습니다. 덕분에 원고의 질이 더 좋아졌다고 생각합니다. 반드시 적극적인 행동이 필요합니다.

그렇다면 "적극적으로 행동하며 살자"는 것은 무엇일까요? 나도 좋고 너도 좋은 긍정적인 생각을 적극적인 행동으로 실천하며 사는 것입니다. 이때 실천은 'Here and Now(여기부터 지금부터)'가 되어야 합니다. 사람들은 기본적으로 미루는 습관이 있습니다. '내일부터 하지.' 또는 '언제부터 하지?' 하는 것은 결국 '하지 않겠다.'는 말과 같습니다. 결코 바람직하지 않습니다.

적극적으로 행동하길 원한다면, 지금 여기서부터 시작하십시오. 그러나 도저히 지금부터 할 수 없는 일이라면 주변 사람들과 약속을 하십시오. 그리고 언제부터 실천하겠다고 선언하십시오. 이것이 적극적인 행동이라 할 수 있습니다.

참나사랑 연구소 오행자 소장은 참 적극적인 사람입니다. 나름대로 어려운 일도 많았고 아픈 일도 많이 겪으신 분이지만, 볼 때마다 힘 빠져 축 처져 있는 모습을 본 적이 없습니다. 그 스스로 인생을 헤쳐 나가는 열정적인 여성입니다.

인천근로자 문화센터에서 파워스피치 강의를 하셨을 때 오 소장 반에는 아주 특별함이 있습니다. 교육생들이 일반적으로 3개월 과정이 끝나면 다른 과정을 찾아가기 마련인데, 이 스피치 반은 과정이 끝나기도 전에 다음 과정에 대한 정원 모집이 끝나 버립니다. 그 이유는 현재 수강 중인 교육생들이 재수강 신청을 하기 때문입니다.

어떤 교육생은 오 소장 강의가 좋다고 1년째 함께하는 분도 계신답니다. 누군가가 도움을 요청하면 어디든 달려갑니다. 자신의 지갑이 넉넉하지 않음에도 일단 적극적으로 달려가서 힘이 되어 줍니다. 현재 오 소장은 꽤 바쁜 힐링 전문강사, 파워스피치 강사, 노인전문 강사로서 활발하게 활동하고 있습니다.

기쁨세상 이상헌 선생님도 적극적인 어르신입니다. 곧 산수(傘壽) 80을 바라보는 연세에도 조금도 쉬실 날이 없습니다. 20대부터 가지고 사셨던 25가지 각종 질병 중에도 포기하지 않고 평생을 강사로, 작가로, 칼럼니스트로 긍정적인 생각과 적극적인 행동으로 건강하게 사시고 계십니다.

지금도 집필 활동을 적극적으로 하시어 최근(2015년 2월 현재)에 150권째 책인『운을 부르는 말과 행동 50』이 출판되어 베스트셀러에 올라 독자들의 사랑을 받고 있습니다. 또한 매월 실시하는 '기쁨세상' 모임이 올해로 20년째를 맞이하고 있는데, 이 모임의 특징은 국가 행사나 공무관련 행사도 아닌데 시작할 때 애국가를 부른다는 것입니다. 이상헌 선생님의 이런 적극적인 나라 사랑 실천이 각종 질병에도, 크고 작은 사고에도 불구하고 이날까지 다양하게 활동하는 힘이 되지 않았을까 생각해 봅니다.

홍익뿌리인성교육원 원장님 또한 인생을 매우 적극적으로 사시는 분 중에 한 분이십니다. 어려서 서당을 운영하셨던 조부(祖父)님 덕분에 사서삼경(四書三經)에 능통하신 원장님은 한국형 인성훈련 프로그램을 개발하시어 직장에 다니실 때부터 지금까지 기업체 직원은 물론, 다양한 계층의 사람들을 대상으로 인성교육을 실시하고 계십니다.

최근 원장께서는 당신도 연세가 고희(古稀)를 바라보시며, 평생을 연구하고 실행하시던 인성훈련프로그램이 사장(死藏)되는 것이 안타까워 후배 양성 차원에서 매년 인성훈련강사 양성 학습 과정을 운영하고 계십니다. 월 1회 모여서 명심보감의 내용을 중심으로 동양철학(사상)을 연구하고 학습하여 뿌리가 튼튼한 대한민국을 이끌어 갈 인성강사를 양성하고 있는데, 여느 기관처럼 교육비가 비싸거나 영리를 목적으로 하지 않습니다. 인성이 바른 후배(후손)을 위한 일이기에 배우려는 사람들에게도 거의 무료로 학습을 하도록 하고 있습니다.

연간회비로 일부의 금액을 받고 있지만, 그 돈은 학습 때 식사비와 간식비등 학습 경비로 사용되며 연말에 남는 금액은 불우이웃돕기에 전액 사용됩니다. 더 놀라운 사실은 원장님도 학습 회원들과 똑같이 회비를 내시며, 이 회비 사용에 대해서도 일절 관여하지 않는다는 것입니다. 이 학습은 올해 15년째를 맞이하여 10여 명의 인성교육 꿈나무들이 열심히 적극적으로 학습하고 있습니다.

나라를 사랑하고 후배를 사랑하는 마음으로 펼치는 원장님의 적극적인 인성훈련 활동 덕분에 필자도 지금 이 글을 쓰고 있는 것입니다.

★ 자신의 삶 중에 오늘부터 적극적인 행동으로 실천할 수 있는 내용을 선정하시어 기록해 보시고 실천해 주시길 바랍니다.

감사를 표현하며 산다

몇 년 전, 소년원에서 한 여학생의 멘토로 활동한 적이 있습니다. 어느 날 면회를 했는데, 이 녀석이 그럽니다.

"아빠! 저 한자 7급 땄어요. 그런데 엄마가 면회 오셨을 때 한자 7급 땄다고 자랑을 했더니 그러시더군요. '야! 그걸 자랑이라고 하냐? 우리 옆집 누구는 5급 땄다더라.'라고요. 그래서 그날 기분 나빴어요."

이 엄마는 감사를 표현할 줄 모르는 사람입니다. 비록 자신의 딸아이가 범죄로 소년원이라는 특별한 시설에서 보호를 받으며 죗값을 치르고 있지만, 그 환경 속에서도 공부를 하여 자격증을 취득했다는 것은 분명 감사 조건입니다. 급수가 뭐 그리 중요하겠습니까?

사람은 사람냄새가 나야 사람입니다. 이때 사람냄새라고 하는 것은 코로 맡을 수 있는 것이 아니라, 느낌으로 알 수 있는 것입니다. 사람을 만날 때 '이 사람은 참으로 따뜻한 사람이로구나!' 하는 느낌을 받을 때, 그 사람은 어떤 사람일까요? 바로 감사할 줄 아는 사람입니다. 감사할 줄 아는 사람은 얼굴 표정부터가 다릅니다. 그의 얼굴은 밝고 항상 미소를 머금고 있습니다.

표정이 밝다는 것은 마음이 밝은 것입니다. 마음이 밝다는 것은 마음속에 감사에 대한 생각이 가득 차 있어야 가능한 것입니다. 마음속에 감사의 조건이 가득할수록 우리의 표정은 더욱 밝아지고,

주변 사람들을 만날 때 미소와 스킨십으로 힘들어하는 동료를 안아 줄 수 있을 것입니다.

기쁨세상 이상헌 선생님은 감사의 중요성을 강조하시는 분입니다. 서울대 입구역 사무실은 언제나 찾아오는 손님들로 북적입니다. 일생에 지금이 제일 건강하다고 말씀하시는 선생님께서는 사무실 방문객들에게 꼭 주문하시는 것이 있는데, 그것은 "감사합니다."를 표현하라는 것입니다. 어떤 일이 잘 안 된다 싶으면 고민하지 말고 잘되어 있을 것을 생각하며 "감사합니다."라고 지속적으로 표현하라고 코칭을 하십니다. 선생님 말씀대로 실천하여서 문제가 해결되었다고 감사 인사를 드리러 찾아오시는 분들도 여러 명 보았습니다.

필자에게도 매일 감사 리스트를 문자로 보내라고 숙제를 주시어 잠자리에 들기 전에 보내기를 50여 번 가량 하다 포기하고 말았습니다. 감사 항목 10개를 찾아내는 것이 정말 어렵더군요.

하지만 지난 2014년 11월 9일, 주일 예배에 담임목사님이신 엄영선 목사님의 주일 설교를 듣고 다시 결심하여 다시 한 번 감사쓰기를 도전했습니다. 그리고 이번엔 중도포기 하지 않겠다는 각오로 교우들이 모두 볼 수 있도록 교회 밴드에 올리기로 하고, 그날부터 감사 쓰기를 매일 20건씩 써서 올리고 있습니다. 아래 글은 그중 110번째로 작성한 2015년 2월 28일에 작성한 감사 일기입니다. 참고하시라고 올려 봅니다.

조성용의 감사 쓰기 110 - 2015. 2.28

1. 2월 수도요금과 전기요금 전세대가 모두 납부해 주시니 감사합니다.
2. 28일 인천 조원초등학교 리더십 특강 수업계획 작성하여 송부 할 수 있어 감사했습니다.
3. 인성학습에 대한 첫 번째 모듈에 대하여 강의해 주신 조동익 부원장님, 감사합니다.
4. 인성학습 사례발표를 해 주신 김종윤 선생님, 이경숙 선생님, 감사했습니다.
5. 신입회원으로 지난달 학습 내용과 새로운 아이디어를 발표해 주신 곽동신 선생님, 감사합니다.
6. 오늘 학습 마지막 프로그램으로 명심보감에 대해 강의해 주신 김동덕 원장님, 감사합니다.
7. 울산 출장 갔다가 늦게까지라도 학습에 참여해 주신 윤희선 강사님, 감사합니다.
8. 다음 달 생일을 맞아 미리 축하의 선물과 박수 보내 주신 학습 회원님들, 감사합니다.
9. 오늘 학습을 위해 간식을 준비해 주신 윤 교수님, 차 교수님, 감사합니다.
10. 2월 학습을 위해 원근에서 참석해 주신 11명의 학습자님들께 감사 인사드립니다.
11. 오늘 인성학습을 위해 좋은 장소 빌려주신 유니크 민들레학교 서우명 원장님, 감사합니다.
12. 학습 마치고 주변 식당에서 다 같이 맛있는 식사를 함께할 수 있어서 감사합니다.
13. 식사하며 성인대상 인성교육 프로그램 개발을 위한 워크숍 일정을 잡게 하셔서 감사합니다.
14. 오랜만에 안부 인사차 전화 주고 다음 모임 날짜 잡자고 제안해 준 고

등 친구 경미와 진한이가 고맙습니다.

15. 인성학습 마치고 정교수 집에 모셔다 드리고 안전하게 귀가할 수 있어 감사합니다.
16. 정 교수가 헤어지며 지금은 힘들지만 힘내서 올해 대박한번 내 보자는 응원의 메시지가 감사했습니다.
17. 3월 7일 책 출판회를 한다며 소식 전해 온 이수미 강사가 감사합니다.
18. 에듀윌 기말고사 검수에서 교안에서 찾을 수 없는 문제에 대하여 처리 방법을 알려 주신 이지연 선생님, 감사합니다.
19. 에듀윌 1-4차 기말고사 문제 검수 끝내 제출하게 하시니 감사합니다.
20. 월요일 아침 연우(주) 강의 자료 만들어 송부하게 하시니 감사합니다.

감사는 실천이 중요합니다. 오늘 당장 "감사합니다."를 실천해 보시지 않으시겠습니까? 감사할수록 감사거리가 늘어나고, 살아 있는 것 자체가 감사 조건이 되고, 잠에서 깨어 또 하루의 삶을 살 수 있다는 것이 감사 조건이 됩니다.

'토크쇼의 여왕'이라 불리는 오프라 윈프리는 매일 쓰는 감사 일기에 하루에서 일어나는 일 중에 다섯 가지 감사의 조건을 적는다고 합니다.

첫째, 오늘도 거뜬하게 잠자리에서 일어날 수 있어서 감사합니다.
둘째, 유난히 눈부신 파란 하늘을 보게 해 주셔서 감사합니다.
셋째, 점심 때 맛있는 스파게티를 먹게 해 주셔서 감사합니다.
넷째, 얄미운 짓을 한 동료에게 화내지 않게 해 주셔서 감사합니다.
다섯째, 좋은 책을 읽었는데 그 책을 쓴 작가에게 감사합니다.

그녀는 감사 일기를 통해 '인생에서 소중한 것이 무엇인지'와 '삶의 초점을 어디에 맞추어야 하는지'를 배웠다고 합니다.

라 브뤼에르는 "감사를 표하는 사람의 행동보다 더 아름다운 것은 없습니다."라고 했습니다. 고마운 일이 있다면 적극적으로 표현합시다.

가나모리 우라코는 "긍정적인 생각을 가진 사람은 무슨 일이든지 무조건 감사하게 받아들입니다."라고 했습니다. 늘 뭔가 부족한 듯 불평불만으로 가득했던 지난날의 제 모습이 부끄럽습니다.

W. 블레이크는 "진정한 감사는 마음으로 하고 행동으로 표현하는 것입니다."라고 했으니, 마음속에만 있고 말과 행동으로 표현되지 않는다면 진정한 감사라고 할 수 없을 것입니다. 이제 적극적으로 감사를 표현하며 사시길 응원합니다.

일본의 암 전문 의사 오츄슈이치가 암 환자 1,000명을 대상으로 "죽음을 앞둔 현재 가장 후회스러운 것이 무엇인가?"라는 설문 조사를 했습니다. 놀랍게도 1위를 차지한 것은 '사랑하는 사람에게 고맙다는 말을 했더라면'이었답니다. 결국 감사 표현에 대한 이야기입니다.

다음은 오츄슈이치 암 환자 인터뷰를 통해 조사한 죽을 때 후회하는 25가지입니다.

1. 사랑하는 사람에게 고맙다는 말을 많이 했더라면
2. 진짜 하고 싶은 일을 했더라면

3. 조금만 더 겸손했더라면

4. 친절을 베풀었더라면

5. 나쁜 짓을 하지 않았더라면

6. 꿈을 꾸고 그 꿈을 이루려고 노력했더라면

7. 감정에 휘둘리지 않았더라면

8. 만나고 싶은 사람을 만났더라면

9. 기억에 남는 연애를 했더라면

10. 죽도록 일만 하지 않았더라면

11. 가고 싶은 곳으로 여행을 떠났더라면

12. 내가 살아온 증거를 남겨두었더라면

13. 삶과 죽음의 의미를 진지하게 생각했더라면

14. 고향을 찾아가 보았더라면

15. 맛있는 음식을 많이 맛보았더라면

16. 결혼을 했더라면

17. 자식이 있었더라면

18. 자식을 혼인시켰더라면

19. 유산을 미리 염두에 두었더라면

20. 내 장례식을 생각했더라면

21. 건강을 소중히 여겼더라면

22. 좀 더 일찍 담배를 끊었더라면

23. 건강할 때 마지막 의사를 밝혔더라면

24. 치료의 의미를 진지하게 생각했더라면

25. 신의 가르침을 알았더라면

내가 가장 후회하고 있는 나의 삶은?

후회를 적게 하기 위한 방법은?

최근에 조문을 다녀오신 적 있으십니까? 오늘은 어제 죽은 이가 그리도 간절히 원했던 내일입니다. 이 또한 감사할 일이지요? 무료급식소에 모여든 노숙자나 노인들을 보신 경험이 있습니까? 맛있는 반찬은 아니더라도 집이 있고 밥이 있고 김치뿐이라도 반찬이 있으면 이 또한 감사 조건입니다.

감사 표현을 할 줄 모르는 사람은 위기 발생 시 외부의 도움을 받아야 문제를 해결합니다. 반면에 감사의 생활이 습관화된 사람은 스스로 힘을 발휘하여 문제를 해결할 수 있습니다.

SNS를 통해 배달된 감사에 대한 역지사지(易地思之)의 글이 있어 소개하고자 합니다.

자녀들이 당신에게 반항하고 골 부린다면 그건 아이가 가출하지 않고 집에 잘 있다는 뜻이고, 내야 할 세금 고지서가 여러 장이라면 지금까지 잘 살았다는 뜻이고, 옷이 작아져서 입기가 불편하다면 그건 잘 먹고 살았다는 뜻이다.

닦아야 할 유리창이 있고, 청소해야 할 하수구가 있다면 그건 나에게도 집이 있다는 뜻이고, 빨래거리가 많다면 가족 모두 잘 입고 있다는 뜻이고, 가스요금이 많이 나왔다면 지난겨울을 따뜻하게 보냈다는 뜻이다.

지하철에서 누군가 떠드는 소리가 자꾸 거슬린다면 내가 들을 수 있다는 뜻이고, 주차장 맨 끝, 먼 곳에 겨우 빈자리가 하나 찾았다면 그건 내가 걸을 수 있을 뿐 아니라 차까지 있다는 뜻이다. 이른 아침 시끄러운 알람 소리에 잠이 깼다면 그건 내가 살아 있다는 뜻이다.

어떻습니까? 우리 인생에 감사하지 않을 일이 없겠지요. 결국 모두가 감사의 조건입니다. 그런데 감사의 종류에도 다음과 같이 몇 가지로 나누어 볼 수 있습니다.

첫째는 "만일"의 감사입니다. '만일(if) 나의 소원이 이루어지면 감사하겠습니다.' 이것은 조건부 감사입니다. 축복을 주시면, 선처를 해 주시면, 풍성케 해 주시면 감사하겠다는 것입니다. 이것은 가장 낮은 감사입니다. 동물들도 할 수 있는 감사입니다. 개에게 먹이를 주면 꼬리를 흔들어 감사의 표시를 합니다. 그럼에도 오늘날 이러한 감사도 할 줄 모르는 동물보다도 못한 사람도 많습니다.

둘째의 감사는 "때문에(because of)"의 감사입니다. 우리는 지금까지 먹여 주시고 살려 주신 것에 감사합니다. 우리 주위에는 무엇무엇 때문에 감사할 일이 얼마나 많은지 모릅니다. 특별한 축복이 아니어도 살아온 모든 평범한 일들로 인해서 감사합니다. 어떤 분은 첫아이를 가졌을 때 온갖 소원을 빌었습니다. 최고의 두뇌를 가진 아이, 가장 선한 아이, 제일 건강한 아이 등……. 그러다 막상 해산할 달이 다가오면 아이의 건강만을 원합니다. 그리고 출산 후에도 “건강하게만 자라다오!” 합니다. 그 마음 변치 않길 바랍니다. 평범한 우리들의 존재 때문에 감사할 일이 얼마든지 있습니다.

세 번째는 진정한 감사라 할 수 있는 감사입니다. “그럼에도 불구한(In spite of)”의 감사입니다. 축복이 아니라 지난 시간이 고통과 절망의 시간이었음에도 불구하고 감사하며, 나의 어떠한 삶에도 불구하고 그것은 감사하지 않을 수 없는 진정한 감사입니다. 진정한 감사는 조건이 아니라 그 자체입니다.

암탉이 알을 품어야 병아리가 탄생합니다. 우리의 마음속에 감사, 사랑, 고마움의 알을 품으면 반드시 감사를 표현할 일들이 더 많아집니다. 자연스럽게 감사가 표현될 것입니다.

★ 오늘을 살면서 감사했던 순간을 떠올리며 3가지만 적어 보세요. 그리고 “감사합니다.”라고 큰 소리 내어 읽으세요.

1. ....

2. ....

3. ....

KKOLGAP

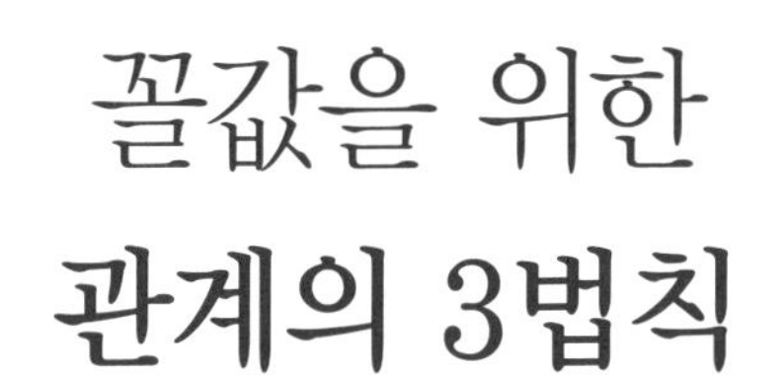

꼴값을 위한 관계의 3법칙

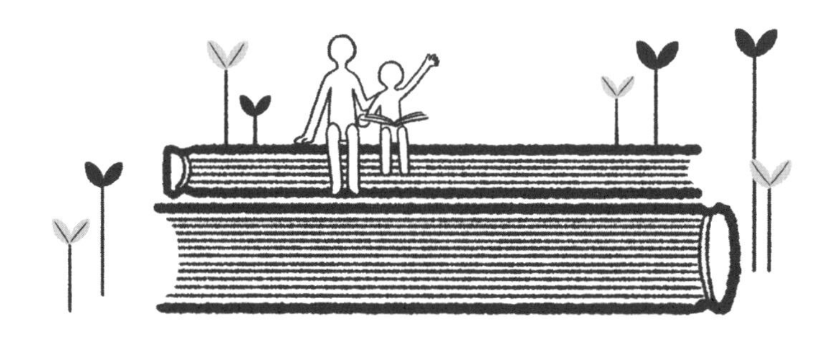

카자흐스탄에서 만난 야콥입니다. 저희 일행이 지나가는데 우리를 보고 환하게 웃으며 말을 걸어와, 그의 집에 가서 쉬다 온 적이 있습니다. 웃는 모습이 참 예쁘지 않은가요?

거울법칙 : 내가 먼저 웃는다

거울 속에는 내가 있습니다. 그 거울 속의 내가 실제의 나를 향해서 웃기를 기다리는 바보는 이 세상에 단 한 명도 없을 것입니다. 당연히 내가 먼저 웃어야 거울 속에 있는 나도 동시에 웃어 줍니다. 하지만 우린 항상 거울을 가지고 다닐 수 없기 때문에 나의 웃는 얼굴을 확인할 수 없습니다. 그래서 그 거울을 대신하는 것이 바로 내 앞에 있는 사람들입니다. 만약 내 앞사람이 웃고 있다면, 내가 먼저 웃고 있을 것입니다.

우린 어떤 사람에게 다가갈 때 또는 어떤 사람이 내게 다가올 때 인상을 쓰면서 다가온다면, 그 모습을 좋아할 사람은 아마도 별로 없을 것입니다. 그때 우리는 '그 사람 참 인상 더럽다'라는 생각을 하게 됩니다. 그래서 내가 상대방에게 다가갈 때 그 사람은 나를 보면서 속으로 '그 사람 참 인상 더럽다'라고 하지 않을까를 생각해 봐야 합니다.

사람은 관계 속에서 삽니다. 좋은 관계를 시작하기 위해서는 무엇보다 상대방을 기분 좋게 해 주어야 합니다. 상대방을 기분 좋게 해 주기 위해서는 무엇보다 그 사람에게 다가갈 때, 나의 밝은 모습을 보여 주어야 합니다.

이때 밝은 모습이란 피부가 하얘서 밝은 것이 아니고, 내 얼굴에서 볼 수 있는 따뜻한 미소입니다. 내 얼굴이 밝으면 상대방은 나를 따뜻한 사람이라고 느낍니다. 그래서 내가 먼저 밝게 웃는 것이 매우 중요합니다.

이것이 사람들과 관계 맺기 위한 3법칙 중 첫 번째 법칙인 거울 법칙 즉, '내가 먼저 웃는다'입니다. '웃는 얼굴에 침 못 뱉는다'라는 속담이 있습니다. 이를 반대로 바꾸어 표현 하면 어떻게 표현할 수 있을까요? '웃지 않는 얼굴에 침 뱉을 수도 있다'가 아닐까요? 만약 이것을 합법적으로 하여 '웃지 않는 얼굴에 침 뱉어라'라고 한다면, 내 얼굴에 뱉어진 침의 양이 얼마나 많을까를 생각해 보아야 합니다.

어느 모임에서든지 처음 만나는 사람인데 얼굴의 표정이 밝은 사람이 있습니다. 왠지 모르게 그 사람은 마음에 끌리고 어디선 본 듯하고, 가까이 지내고 싶은 마음이 드는 사람이 반드시 있습니다. 이때 불현듯 그 사람과 통성명이라도 하고 싶다는 생각에 가까이 다가가 명함이라도 교환하고 싶다면, 명함과 함께 무엇을 주어야 할까요? 바로 나의 미소입니다.

혹시라도 나는 그와 친하게 지내고 싶지만 그에게 너무 가벼운 느낌을 주지 않으려고 미소 없는 근엄한 얼굴로 다가가서 손을 내밀면, 상대방은 속으로 이렇게 말하며 내 손을 잡을 것입니다.

"내 얼굴을 보고 눈 맞추며 웃어 주면 어디가 덧나시오?"

그리고 나의 손을 잡아주는 것도 성의 없이 마지못해 할 것입니다. 하지만 내가 먼저 환하게 웃으며 손을 내밀면, 상대방은 두 손으로 내 손을 잡으며 자신을 낮추고 머리를 숙이게 됩니다.

필자가 고등학교 다닐 때 미소가 유난히 예뻤던 후배 여학생이 있었습니다. 어린 학생 신분으로 몇 개월 교재를 했고, 결국 제가 사회생활을 하게 되면서 자연스럽게 이별을 했지만 그 친구의 환하게 웃는 얼굴은 지금도 잊을 수가 없습니다.

대인관계에 있어서 우선 중요하게 생각해야 할 것이 표정입니다. '첫인상'이라는 말도 있지요. 기본적인 표정 즉, 첫인상으로 나를 평가하는 시간은 5초도 걸리지 않습니다. 내 안에 내 얼굴을 밝게 또는 따뜻하게 하지 못하는 저해요소가 있을 것입니다. 그러나 그 저해요인을 능가할 수 있는 따뜻함이 있다면, 결국 내 표정은 밝아질 수밖에 없습니다. 그러니 가능하면 내 표정을 따뜻하게 하는 것이 중요하다 하겠습니다.

내 표정을 따뜻하게 하는 것, 그것은 상대방을 대할 때 항상 내가 먼저 웃는 것입니다. 이것이 바로 거울 법칙입니다.

메아리 법칙 : 내가 먼저 고운 말을 한다

요즘은 그렇게 하면 경범죄 처벌을 받을 수 있습니다만, 우리 어린 시절에는 산에 올라가서 "야호!" 하고 자주 소리를 질렀습니다. 그러면 그 소리가 다른 봉우리에 부딪혀 "야호!" 하고 되돌아옵니다. 이것을 '메아리'라고 합니다.

말썽꾸러기 사내아이가 있었습니다. 늘 말썽을 부리다 보니, 시도 때도 없이 엄마에게 야단맞는 것이 일과였습니다. 그날도 어김없이 말썽을 부리고 엄마에게 실컷 혼이 났습니다. 그러다 보니 엄마가 미워졌습니다. 그리고는 무작정 집을 뛰쳐 나와 근처 뒷산으로 올라갔습니다. 산꼭대기까지 올라간 이 사내아이는 먼 산봉우리를 향해서 소리 질렀습니다.

"엄마 미워!"

그랬더니 앞 봉우리에서 즉각 반응이 되돌아왔습니다. "미워",

"미워", "미워", "미워"……. 그 아이는 단 한마디 했을 뿐인데 돌아오는 소리는 세 마디, 네 마디였습니다.

깜짝 놀란 아이는 조금은 겁에 질린 듯 집을 향해 내리 달렸습니다. 그리고는 엄마에게 말합니다. "엄마! 엄마! 산골짜기에 무서운 사람이 사는가 봐요! 내가 '미워'라고 한마디 했더니, 여러 사람이 동시에 '미워' 하는 소리를 내게 했어요."

전후 사정을 이해한 이 엄마는 아이를 잘 진정시키고는 이 아이에게 엄마랑 같이 산에 가 보자고 제안을 합니다. 그리고 아이 손을 잡고 함께 정상에 올라가 이번에는 '사랑해'라고 외쳐 보라고 합니다. 아이는 두 손을 모아 입에 대고는 아까보다 더 큰 소리로 외쳐 봅니다.

"사~랑~해!"

그러자 아까와 같이 즉각 반응이 돌아옵니다. "사랑해", "사랑해", "사랑해", "사랑해"…….

인간관계를 함에 있어서 내 주변에 있는 사람들을 각각 거대한 산이라고 생각해야 합니다. 그리고 내가 먼저 고운 말을 하면 상대방도 당연히 나에게 고운 말로 메아리를 보냅니다. 즉, 가는 말이 고와야 오는 말도 고운 것입니다. 어떤 경우에도 상대방의 마음에 상처를 입힐 수 있는 말은 지양하도록 해야 할 것입니다.

할머니와 할아버지가 산책을 하고 있었습니다. 한참을 걸으시던 할머니가 힘이 드셨는지 콧소리를 내며 할아버지에게 말합니다.

"영감, 나 좀 업어 줘!"

할아버지도 매우 힘들었지만, 남자 체면에 할 수 없이 업었습니다. 그런데 할머니가 미안한 마음에 이렇게 묻습니다.

"영감! 나 무거워?"

그러자 할아버지는 기다렸다는 듯이 "그럼, 무겁지! 얼굴에 철판 깔았지, 머리는 돌이지, 간은 부었지. 그러니 안 무겁겠어?"라고 말합니다.

다시 할머니를 내려놓고 둘이 같이 걷다가 너무 지친 할아버지가 한마디 합니다.

"할멈, 나도 좀 업어 줘!"

할머니는 어이가 없긴 했지만 그래도 아까 업힌 빚이 있어 할 수 없어 할아버지를 업었습니다. 할아버지도 조금은 미안했는지 이렇게 묻습니다.

"그래도 생각보다 가볍지?"

할머니는 찬찬히 자상한 목소리로 입가에 미소까지 띄우며 이렇게 말합니다. "그럼, 가볍지요. 머리 비었지요, 허파에 바람 들어갔지요, 양심 없지요, 싸가지도 없지요. 너~무 가벼워요!"

재미있으신가요? 할아버지가 먼저 말을 곱게 했다면, 할머니로부터 돌아오는 말도 기분 좋았겠지요?

조선시대에 백정 일을 하는 나이 많은 박 씨 성을 가진 사람이 있었습니다. 어느 날 시장에 두 명의 양반이 고기를 사러 그의 푸줏간(정육점)에 들어왔습니다. 그중 한 명의 양반이 "야~백정놈아! 고기 한 근 내놔라." 하며 주문을 하였습니다. 그래서 백정 박 씨는

"네." 하며 아무 말 없이 한 근을 베어 주었습니다.

그러자 함께 온 다른 한 명의 양반도 주문을 하였습니다.

"여보시게 박 서방~ 나도 고기 한 근 주시게."

그러자 박 서방은 "네, 알겠습니다." 하고 기분 좋게 대답한 후, 먼저 산 양반보다 갑절로 고기를 베어 주었습니다. 그러자 처음 주문한 양반이 화를 내며 소리를 질렀습니다.

"야 이놈아, 같은 한 근을 주문했는데 어찌 저 사람보다 내 것이 작은 것이냐?"

그러자 박 씨는 이렇게 대답했습니다.

"고기를 자른 사람이 다릅니다. 손님 고기는 천하고 무식한 백정 놈이 자른 것이고, 이 어른께서 가져간 고기는 인심이 후덕한 박 서방이 자른 것입니다."

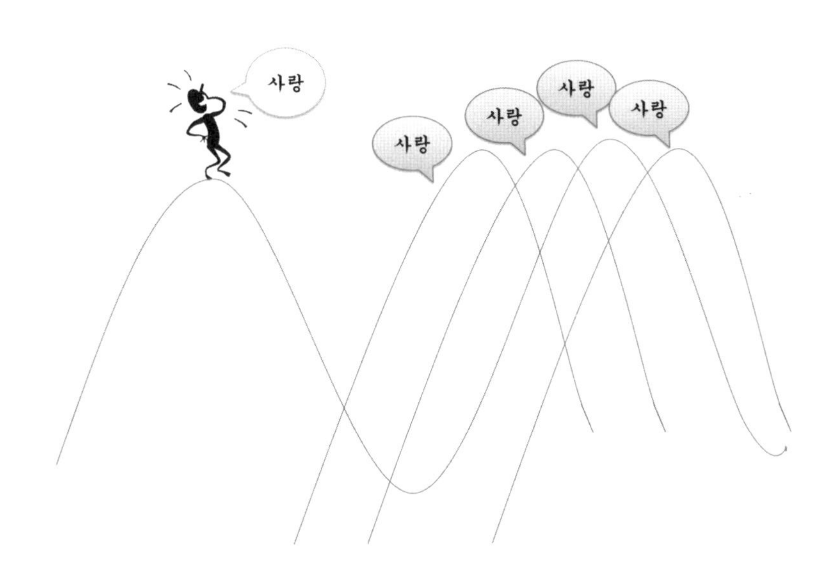

이 말을 들고 '백정놈'이라고 호칭한 양반은 창피함으로 고개를 들지도 못하고 돌아갔다고 합니다.

물론 이때 상대방이 나의 말을 상처로 받아들일 것인가 아닌가는 그 사람 마음의 크기에 달려 있을 것입니다. 마음이 작은 사람은 작은 조약돌을 던져도 큰 파장이 일 것입니다. 하지만 마음이 넓은 사람은 큰 바위를 던져도 괜찮을 것입니다. 하지만 우리는 상대방의 마음을 가늠할수 없기에, 가능하면 고운 말을 사용해야 합니다. 이것이 메아리 법칙입니다.

시소 법칙 : 내가 먼저 낮아진다

벤저민 프랭클린의 13가지 덕목에 대하여 한두 번 안 들어 보신 분은 거의 없을 것입니다. 그만큼 유명한 자기관리 항목이기도 합니다.

벤저민 프랭클린은 미국의 초기 지도자로 대통령만 못 되었을 뿐, 자기가 원하는 모든 중요한 위치에 모두 올랐던 분입니다. 그렇지만 프랭클린이 학교에 다닌 기간은 고작해야 2년 정도였다고 합니다.

그가 22살이 되었을 때 "내 인생에 가장 중요한 우선순위는 무엇일까?"를 자문하고 자기반성을 거쳐 12가지 항목들을 뽑아 자신의 좌우명으로 삼았는데, 그것은 아래와 같습니다.

1. 절제 : 과음 과식을 하지 않는다.
2. 침묵 : 자신과 타인에게 도움이 되지 않는 말을 하지 않는다.
3. 질서 : 물건을 제자리에 놓고 일은 알맞은 시간에 한다.
4. 결단 : 해야 하는 일은 꼭 완수한다.
5. 절약 : 비싼 것은 사지 않는다. 다른 사람과 자신에게 좋은 것이면 산다.
6. 근면 : 시간은 헛되이 쓰지 않는다.
7. 성실 : 남을 해치는 책략을 사용하지 않는다.
8. 정의 : 남의 권리를 침해하거나 남에게 손해를 입히지 않는다.
9. 중용 : 극단은 피한다.
10. 청결 : 몸, 옷, 집이 불결한 것은 절대 용납하지 않는다.
11. 평정 : 사소한 일에 화를 내지 않는다.
12. 순결 : 성을 남용하지 않고 건강과 생산을 위해서 사용한다.

프랭클린은 이렇게 12가지를 적어서 담임목사에게 보여 주었답니다. 그러자 목사님은 "다 좋은데 한 가지가 빠졌네요. 그것은 '겸손'입니다. 이 12가지를 다 이루었다고 해도 '겸손'이 없으면 12가지를 다 잃은 것과 마찬가지입니다."라고 말씀하셨답니다.

프랭클린은 목사님의 말씀을 듣고 가장 첫 번째 항목에 겸손을 넣고 "예수 그리스도와 소크라테스를 본받는다."라고 적었답니다. 그리고 자신의 생활 주기를 13주로 구분하여 매주 한 덕목씩 묵상하며, 자신의 삶에 깊이 적용하려고 노력했다고 합니다.

오늘날 벤저민 플랭클린을 기억하고 존경하며 본받으려 하는 많은 사람들은 목사님의 조언에 순종하여 적용하고 실천한 겸손한 그의 모습을 본받아야 하는 것이겠지요.

시소는 한쪽이 올라가면 반드시 다른 한쪽은 내려와야 합니다. 그런데 어느 한쪽이 올라가 있고 다른 한쪽이 내려가 있는 상태에서 움직이지 않는다면, 이것은 시소의 기능이라고 할 수 없습니다. 시소는 반드시 한쪽이 올라가고 다른 한쪽은 내려가고를 반복해야 합니다.

인간관계에서 상대방의 인격을 존중한다고 하는 것은 상대방을 높이는 것인데, 상대방을 물리적으로 높일 수 없으니 내가 낮아짐으로 상대방을 높이는 효과를 보게 됩니다.

두 사람이 함께 시소를 타고 있다고 생각해 봅시다. 서로 자기가 먼저 올라가야 한다는 생각에 다리를 쭉 뻗으면, 시소는 약간 평형을 이루게 되면서 멈춰 있을 것입니다. 그러나 체중이 비슷한 사람끼리 타고 있는 상태에서 두 사람이 동시에 다리를 들었다면 어느 쪽이 내려갈까요? 조금이라도 체중이 무거운 쪽이 내려갈 것입니다.

여기서 무겁다는 것은 나이가 적은 사람보다 많은 사람이 무겁다고 할 수 있고, 적게 배운 사람보다 많이 배운 사람이 또한 무겁다고 할 수 있습니다. 경험이 많은 사람이 경험이 적은 사람보다 역시나 무겁다고 할 수 있습니다. 어린 아이보다 어른이 무거운 것입니다.

따라서 동양에서는 무거운 쪽, 즉 어른이 먼저 내려가야 합니다. 어른이 먼저 행함으로 뒷사람에게 시각적으로 교훈을 주어야 하는 것과 연결되는 것입니다. 그래서 내가 먼저 내려가려는 노력을 해야 하는 것입니다. 즉, 시소 놀이에서 내가 먼저 내려가야 상대방이 높이 올라갔다 내려오는 힘을 이용해 내가 더 높이 올라갈 수 있습니다. 그렇게 했을 때 우리는 주변 사람들에게 무게가 있는 사람, 예의가 있는 사람이라고 인정받게 될 것입니다.

최근 우리 사회에 만연해지고 있는 '갑질 문화'는 바로 낮아짐을 실천하지 않고 대우를 받으려는 어리석은 사람들의 단면입니다. 대우를 받으려면 대우받을 만한 행동을 해야 합니다. 그렇게 하지 않고 대우만 받으려는 불쌍한 자신의 모습을 볼 줄 알아야 합니다.

어느 날, 미국의 16대 대통령 링컨이 구두를 닦고 있었습니다. 그 모습을 보고 보좌관이 말했습니다. "대통령께서도 구두를 직접 닦습니까?" 그러자 링컨 대통령이 말했습니다. "그러면 대통령이 되어 가지고 남의 구두도 닦아 줍니까?"

오늘날 우리 사회를 지탱하는 가장 큰 힘은 무엇일까요? 그것은 자신이 선 자리에서 묵묵하게 최선을 다해 살아가는 사람들의 희생일 것입니다. 그들이 있기 때문에 사회는 건강을 유지하고 있습니다. 높은 자리에 앉아서 대접받기만을 바라는 우리 현대인들에게 링컨의 구두는 말하고 있습니다. "정말 아름다운 것은 자신을 낮추었을 때 빛나는 것이라고……."(소강석 목사 설교 중)

이것이 시소 법칙 즉, '내가 먼저 낮아진다'입니다.

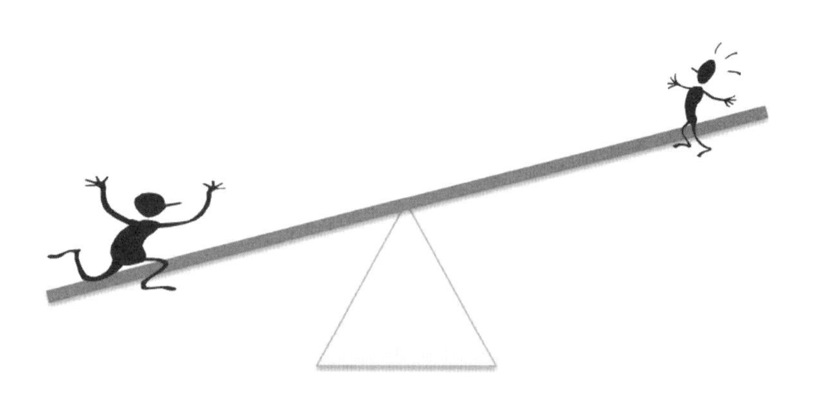

지금까지 말씀드린 관계의 3법칙을 다시 한 번 반복하면 '내가 먼저 웃는다, 내가 먼저 고운 말을 한다, 내가 먼저 낮아진다'입니다. 이 세 법칙에 공통적으로 들어가는 단어는 '내가 먼저 한다'입니다. 따라서 누군가와 관계가 불편해졌다면, 내가 먼저 하지 않은 결과일 것입니다. 이것을 가톨릭에서는 '내 탓이오!'라고 합니다.

내가 먼저 이 세 가지 법칙을 지키고 실천한다면, 대인관계에서 좀 더 좋은 관계를 맺게 될 것입니다. 이것이 꼴값은 하고 사는 사람들의 관계 맺는 3법칙입니다. 우리도 이 법칙을 실천하여 좋은 인간관계를 많이 맺을 수 있도록 함께 노력해 보면 어떨까 생각해 봅니다.

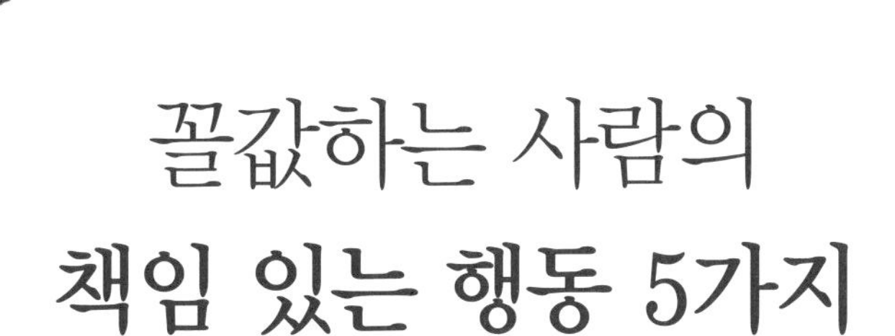

꼴값하는 사람의 책임 있는 행동 5가지

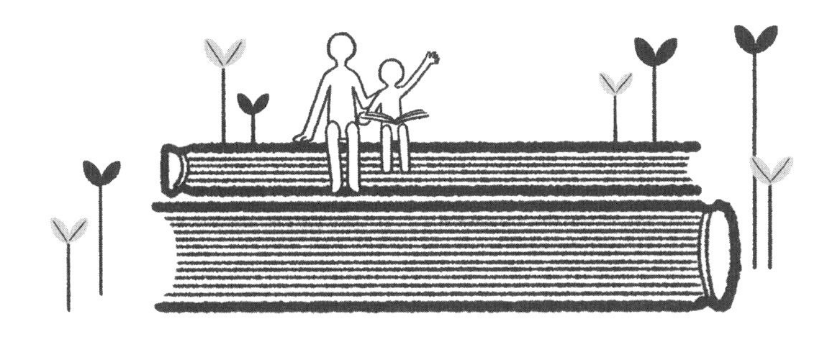

 꼴값을 하는 사람들을 자세히 지켜보면, 공통적으로 알 수 있는 그들만의 특징적인 모습을 볼 수 있습니다.

준수성

첫 번째는 준수성입니다. 준수란 전례나 규칙, 명령 따위를 그대로 좇아서 지키는 것으로, 정해진 Rule을 지키는 것입니다. Rule은 약속입니다. 지키지 않으면 대혼란이 일어납니다. 외출을 하기 위해 차를 가지고 시내를 나갔더니 상당수 차들이 교통신호를 지키지 않고, 보행자들은 보행신호를 지키지 않고 모두 제멋대로 오고 가고 있다고 생각해 봅시다. 운전하실 수 겠습니까? 약속은 지키라고 있는 것입니다.

'DDM'이라고 아십니까? 외국인들이 부르는 동대문 패션 시장을 말합니다. 이곳의 낮과 밤은 완전히 다릅니다. 낮에는 평범한 도시로 모든 규칙을 잘 지키는 평범한 거리입니다. 하지만 저녁이 되면 밤새도록은 전국에서 모여든 의류상인들, 물류차량, 노점상, 일반 쇼핑객들로 장사진을 이루고 완전 아수라장입니다.

교통 신호는 있으나 지켜지지 않고, 주차질서 엉망이고, 오토바이는 거의 곡예수준으로 달립니다. 그런데 중요한 것은 그렇게 혼잡함에도 불구하고 교통사고는 일어나지 않습니다. 최소한 과속이나 무리한 행동은 하지 않아야 한다는 것을 알고 지키는 듯합니다.

아마도 그 시간의 DDM은 시장의 역할을 해야 하기 때문에 그렇게 복잡한 것 같습니다. 시장은 시장다워야 할 테니 말입니다. 어쩌면 DDM으로서는 그 모습이 꼴값일 것입니다. 그러나 다른 지역에서는 교통신호, 정지선, 횡단보도 이용은 반드시 지켜져야 합니다. 지켜지지 않으면 사고가 발생하고 목숨을 잃게 됩니다.

세월호 침몰의 직접적인 원인은 과적으로 밝혀졌습니다.

합동수사본부는 청해진 해운의 김한식 대표를 체포했는데, 김 씨는 과적 운항을 방치해 대형 인명 사고를 낸 혐의를 받았습니다. 합동수사본부는 침몰한 세월호가 총 운항횟수의 절반 이상을 과적했다고 밝혔습니다.

수사본부는 2013년 3월부터 사고 당일까지 총 241번의 운항 중

절반이 넘는 139번을 과적 운항했고, 이를 통해 29억 6천만 원의 초과수익을 거둔 것으로 조사했으며, 사고 당일에도 안정성을 유지하기 위해 권고된 화물 987톤보다 3배 이상 많은 화물 3천 608톤을 싣고 운항해 6천 2백만 원의 수익을 올린 것으로 확인했습니다.

승객들의 안전보다 수익에 더 비중을 둔 행동이었습니다. 특정인의 지시가 있었다고는 할 수 있겠지만, 근무하던 직원들 중에 단 한 명이라도 이것이 부당하다는 것을 이야기하고, 안되면 당국에 신고해서라도 막을 수 있었다면, 그래서 정해진 Rule을 지켰더라면 이런 대형 사고는 일어나지 않았을 것입니다.

사람을 만남에 있어서 반드시 준수해야 할 것이 있다면 무엇일까요? 반복적으로 강조하는 것처럼 생각될 수도 있겠지만 웃는 얼굴 즉, '미소'입니다.

자기의 어떤 상황이 미소 짓는 얼굴을 할 수 없다면 사람을 만나지 말아야 합니다. 미소 없는 얼굴로 고객을 만나거나 누구를 만났을 때엔 절대로 좋은 결과를 얻을 수 없기 때문입니다. 차라리 약속을 취소하고 다시 날짜를 잡는 편이 좋습니다.

만약 조직에서 상급자의 출근하는 모습에 웃음이 없다면 부하직원들은 하루 종일 긴장하고 상사의 눈치를 보게 됩니다. 이것은 조직의 분위기에 치명적입니다. 따라서 행여나 지난밤에 집에서 부부싸움을 하는 등 불편한 일이 있으셨다면, 차라리 하루 휴가를 내서 쉬는 편이 조직 전체를 위해 좋습니다.

서두에 대형 사고에 대하여 말씀드렸습니다만, 1990년 이후 발생한 대부분의 사고는 규정된 Rule을 준수하지 않아서 발생한 인재(人災)였습니다. 이렇게 큰 사고 말고라도 우리 주변에서 일어나는 많은 크고 작은 사건 사고는 약속을 지키지 않음에서 일어난다는 사실을 잊지 않으셨으면 합니다. 그리고 다음 사고의 희생자는 나나 또는 나의 가족 및 후손이 될 수도 있다는 사실을 잊지 않으셨으면 합니다.

이제부터라도 반드시 약속을, Rule을 지키며 사는 준법정신이 투철한 국민이 되어야겠습니다.

양심성

두 번째는 양심성입니다. 양심이란 사물의 가치를 변별하고 자기의 행위에 대하여 옳고 그름과 선과 악의 판단을 내리는 도덕적 의식으로, 우리 삶에 있어서 부끄럽지 않게 사는 것을 말합니다.

만일 이사를 하다가 우연히 450만 원에 달하는 정체불명의 돈을 발견한다면 어떻게 하겠습니까? 2015년 3월 초, 국민들을 미소 짓게 한, 참으로 따뜻하고 아름다운 뉴스가 있어 소개할까 합니다.

이영호 씨는 대전 대덕구 회덕파출소에 찾아가 자신이 세 들어 사는 집에 앞서 살았던 사람을 찾아 450만 원을 전달해 달라고 했다. 할아버지가 가스레인지를 주고 가셨으니까 할아버지 돈이겠다는 생각에 경찰서를 찾아간 것이다.

경찰은 우편물에 있는 인적 사항을 토대로 전 세입자였던 남 모 할아버지를 찾아냈고, 남 할아버지는 이 씨에게 감사조로 20만원을 내놓았다. 그것도 이영호 씨는 사례금을 원치 않았는데, 할아버지께서 경찰서에 20만 원을 두고 가신 것이라고 한다.

이후 '양심청년'이라는 별명을 얻은 이영호 씨는 4일 CBS라디오 〈박재홍의 뉴스쇼〉에 출연해, 자신의 일은 당연한 일이라며 "그 돈을 따로 챙기게 되면 나중에 제 자신한테 부끄럽지 않을까요?"라고 반문했다. 그리고 네티즌들이 붙여 준 '양심청년'이라는 별명에 대해 "인터넷의 글들을 보면 저보다 훨씬 더 훌륭한 분들이 많다. 제가 한 것도 다른 분들을 보고 배운 것들이다. 다른 분들도 그런 모습을 보고 뭔가 많이 느끼셨으면 좋겠다."고 덧붙여 설명했다. 그리고 "할아버지가 주신 돈은 나중에 좋은 데 쓸 예정"이라고 덧붙였다.

어떻습니까? 글을 읽으시며 자연스럽게 입가에 미소가 번지지 않으셨는지요? 누가 보고 안 보고를 떠나서 스스로에게 부끄러움이 없어야 합니다.

몇 년 전, 사업용 트럭을 가지고 있었던 적이 있습니다. 전용 주차장이 없기에 마을 골목에 주차해 놓고 오랜만에 운행을 하려고 차에 가 보면, 화물칸은 거의 쓰레기장 수준이 되어 있습니다. 담배꽁초, 음료수 캔은 다반사이고 정말 분노를 금할 수 없는 것은 먹지 못해 버리는 썩은 된장을 검정 비닐봉투에서 싸서 버리고 갔다는 것입니다. 또 열무를 다듬고 나온 쓰레기를 봉지에 넣어 버리고 갔다는 것입니다.

이것은 세상 물정을 잘 모르는 어린 청소년들이 한 것은 아니겠지요? 분명 어른들 짓입니다. 이렇게 양심 없는 행동을 하는 어른들이 참 많습니다. 바로 이런 행동이 나잇값도 못하는 행동으로, 꼴값 못하는 행동입니다.

또 한 번은 지갑을 분실했습니다. 소매치기를 당한 것이 아니라 관리 소홀로, 어디다 놓아두고 이동한 것 같습니다. 분실 사실을 알았을 때에는 정말 속상했습니다. 지갑에 든 현금이 문제가 아니고, 각종 신분증이며, 신용카드가 문제였습니다. 며칠 후, 서류 봉투에 잘 포장되어 도착한 지갑을 받고 얼마나 기뻤는지 모릅니다. 물론 여러분이 생각하신 대로 현금은 하나도 없더군요.

사실 그때는 새로운 인생 경험으로 대리운전을 하던 때였습니다. 밤새 뛰어다니며 손님을 모시면 6~7만 원 벌던 시절이었습니다. 당일 수입은 지갑을 분실하며 모두 잃어버렸습니다. 그래도 감사한 것은 지갑이 돌아온 것입니다. 현금은 없어졌지만, 지갑을 보내준 그분은 최소한 양심적이라고 할 수 있지 않을까요?

대리운전 이야기가 나왔으니 하나 더 말씀드리면, 하루는 오피러스 손님을 모신 적이 있습니다. 목적지에 도착하니 주차를 해 달라는 것입니다. 그리고는 후방 센서가 없으니 뒤를 봐 주겠다며 차에서 내렸습니다. 이것이 수작이었습니다.

백미러로 보며 후진을 하는데, 손짓으로 오라고 하는 겁니다. 조심조심 후진을 하는데 뒤차에 살짝(충격 없이 가벼운 뽀뽀 정도) 닿았나 봅니다. 내려서 보니 그 손님이 자기 차와 뒤차의 접점 부위를 가리키며 접촉 사고가 났고, 뒤차에 블랙박스가 달려 문제가 생길 수도 있으니 운전하신 기사님이 배상을 하라는 겁니다. 그러면서 하는 말이 "제가 스톱신호를 보냈잖아요!" 하는 것입니다.

저는 손짓을 후진하라는 신호로 본 것입니다. 더구나 자기 차는 렌터카인지라 사진으로 다 촬영되어 있어 운전한 제가 배상하지 않으면 자기가 수리비를 물어야 한다는 것이고, 거기다 뒤차 주인이 문제를 삼으면 그것도 자기가 물어야 하니 아쉬운 대로 수리비 20만 원만 주고 가면 나머지는 자기가 알아서 다 하겠다며 합의를 요청하는 것입니다. 결국 저는 20만 원을 물어주고 합의를 했습니다. 그날 번 수입은 물론이거니와 그 후 며칠간의 수입을 합의금으로 날렸습니다. 이 사람은 정말 양심 없는 사람입니다.

오랜만에 가족과 함께 야외로 공원으로 놀러 가면 반드시 쓰레기가 발생합니다. 아이스크림, 커피, 우유 등 다양하게 말입니다. 먹고 나니 쓰레기를 처리할 쓰레기통이 보이지 않습니다. 여러분은 어떻게 처리하십니까?

첫 번째 사진은 세계문화유산에 빛나는 수원 화성입니다. 저 음료수 캔이 세계문화유산과 어우러져 더 맛있을까요? 저기에 저 캔을 두고 간 사람은 도대체 어떤 심정으로 놓았을까요?

두 번째 사진은 양구군이 자랑하는 한반도 섬에 홀로 버려진 1회

용 커피잔입니다. 바위에 앉아 커피를 마시며 이야기 나누다 깜빡 잊고 간 것이겠지요? 저도 그렇게 믿고 싶습니다.

세 번째 사진은 도로가에 버려진 음료수 잔입니다. 저런 것들의 위치는 쓰레기통입니다. 왜 우린 이런 비양심적인 행동을 하면서도 부끄러워하지 않는 것일까요?

이제는 버릴 곳이 없으면 이렇게 양심 없는 행동을 하지 마시고, 조금 불편하더라도 집으로 가져와야 합니다. 더 이상 후배(후손)들에게 양심 없는 부끄러운 모습을 보여 주지 않길 기대해 봅니다.

비가 내리는 6월 초의 어느 날, 집 근처 마트를 갔습니다. 입구 우산 꽂이에 우선을 넣고 쇼핑을 했습니다. 계산을 하고 나서 우산을 찾으니 제 우산은 없고 웬 낯선 우산 한 개가 있었습니다. '혹시나'는 '역시나'가 되었습니다. 상태가 좋지 않은 우산이었습니다. 누군가가 양심 없이 자신의 허름하고 낡은 우산을 놓고 제 것과 바꿔 간 것입니다. 디자인도 다르고 색깔도 다르니, 실수로 가져간 것이 아닙니다. 이런 모습이 양심 없는 행동이고 꼴값 못하는 것입니다. 성인들이 더 이상 부끄럽지 않았으면 합니다.

한 인터넷 사이트에서 양심과 관련한 좋은 사례의 글이 있어 함께 읽고자 가져왔습니다.

명선이가 친구의 가방에서 친구의 시계를 훔쳤는데, 계속 가지고 있으면 들킬 것 같아 수업이 끝난 후 가져갈 생각으로 학교 화단에 묻었습니다. 교실로 돌아오며 흙이 묻은 손을 수돗가에서 씻었습니다.

그렇게 교실에 돌아온 명선이는 깜짝 놀랐습니다. 선생님이 먼저 들어와서 명선이의 행동을 다 지켜보고 계셨던 것입니다. 선주는 고개를 들 수가 없었고, 그런 명선이에게 선생님은 말씀하셨습니다.

“난 널 용서할 수 있단다. 하지만 명선아, 네 손에 묻은 오물은 물로 씻어 깨끗하게 할 수 있지만, 네 양심에 묻은 오물은 어떻게 씻어내지?”

명선이는 시계를 다시 친구의 가방에 넣었습니다. 양심의 가책을 느낀 명선이는 그 후로 남의 물건에 손을 대지 않았습니다.

이 나라의 모든 어른들도 글 속의 명선이처럼 수오지심의 마음으로 한번 반성하면 같은 실수를 반복하지는 말아야 하지 않을까 생각해 봅니다.

세월호 사고에 양심적으로 깨끗하고 자유로운 사람이 몇이나 될까요? 청해진 해운 일부 관계자, 세월호 일부 승무원, 유병언 회장, 기독교복음침례회 일부 관계자, 구조 상황에서 보여 준 일부 사람들의 다양한 행동 그리고 자신의 모습도 잘 모르면서 마녀사냥을 일삼는 국민들까지……. 자기만 꼴값하고 사는 줄 착각하고 있는 필자를 포함한 우리 모두는 양심적으로 부끄러운 공범일 수밖에 없습니다. 이제 다시 후배들에게 양심적으로 부끄럽지 않은 삶을 살아야겠습니다.

완결성

세 번째는 완결성입니다. 완결이란 완전하게 끝을 맺음을 뜻합니다. 한번 하기로 한 일이나 약속에 대하여 100% 완료할 때까지 하는 것입니다.

아이들이 삼삼오오 모여서 조각퍼즐을 조립한다고 생각해 보십시오. 정말 열심히 했습니다. 그런데 한 조각이 없습니다. 아무리 찾아도 잃어버린 한 조각을 찾을 수 없습니다. 그렇지만 지켜보던 선생님께서 아이들이 상처를 받지 않게 하려고 "여러분, 잘했어요. 그만큼 한 것도 잘한 것입니다."라고 말했습니다.

그럼 이 어린이들은 조각 퍼즐을 완성했습니까? 아니면 미완성입니까? 미완성입니다. 완결하지 못했습니다. 그런데 어떻게 잘했다고 할 수 있습니까? 어떤 일을 완결하려면 완결하는 습관도 중요합니다. 완결하지 못한 것을 완결했다고 평가해서는 안 됩니다.

초등학생들이 리더의 역할을 찾기 전 조각퍼슬 하는 모습

저는 2012년 인성교육 학습 모임에서 회장을 했습니다. 자격증을 받는 학습이라 나름 열심히 공부했고, 회장으로 학습자들을 리드하며 분위기를 만들었습니다.

그런데 8월 이후, 개인적인 문제가 생겨 학습에 몰입할 수 없었습니다. 나름대로 최선을 다했습니다만, 자격증을 받기엔 부족함이 있었습니다. 하지만 나름 열심히 했기에 다소 부족하지만 '그래도 회장이니까 자격증을 주지 않으실까?' 하고 내심 기대했습니다. 그 자격증이라는 것이 인간적 판단으로 가치 없는 것도 아니지만, 그렇다고 공신력 있는 것으로 내 인생을 송두리째 바꿔 놓을 만한 자격증은 아니었습니다. 그래서 더 기대했습니다.

하지만 수료식 날, 제게는 그 자격증이 지급되지 않았습니다.

정해진 Rule에 따라 평가했을 때, 완결하지 못했기 때문입니다. 또 그것을 받으면 양심성에 위배되는 것입니다. 결국 화룡점정(畵龍點睛)이 되지 못해 자격증을 받지 못했습니다.

만약 그때 회장이라는 이유만으로 자격증을 주셨다면, 저는 더 이상 학습 활동을 계속하지 않았을 것입니다. 그리고 더 이상 스승님을 존경하지 않았을 것입니다.

실천하지 않는 상식은 아무런 의미가 없다고 말씀드렸습니다. 양심적으로 부끄러운 자격증은 받지 않은 것이 맞고, 받으려면 완결해야 합니다.

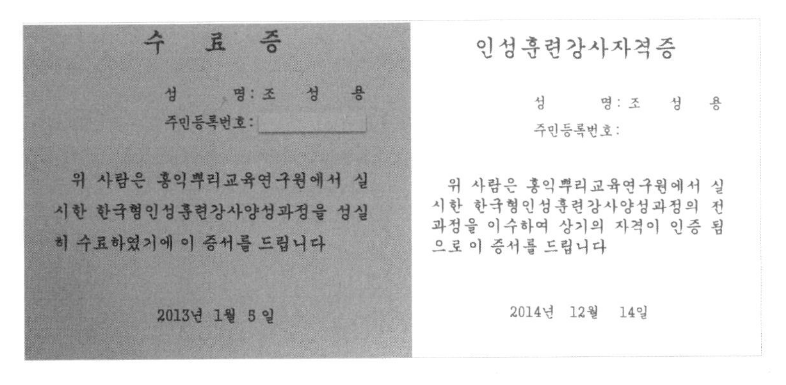

수 료 증

성 명: 조 성 용
주민등록번호:

위 사람은 홍익뿌리교육연구원에서 실시한 한국형인성훈련강사양성과정을 성실히 수료하였기에 이 증서를 드립니다

2013년 1월 5일

인성훈련강사자격증

성 명: 조 성 용
주민등록번호:

위 사람은 홍익뿌리교육연구원에서 실시한 한국형인성훈련강사양성과정의 전 과정을 이수하여 상기의 자격이 인증 됨으로 이 증서를 드립니다

2014년 12월 14일

홍익뿌리교육연구원 강사양성과정 수료증과 자격증

이날 다른 동료들은 수료증과 자격증을 두 가지를 받을 때, 저는 수료증만 받았습니다. 절대 부끄럽지 않은 수료증입니다. 그리고 그 후 2년 동안 더 열심히 학습하여 2014년 연말에 결국 인성훈련 강사자격증을 받았습니다. 이것이 완결입니다.

자발성

네 번째는 자발성입니다. 자발이란 남이 시키거나 요청하지 아니하였는데도 자기 스스로 나아가 행동한다는 의미입니다. 누군가의 지시에 의해서 하는 것이 아니라, 스스로 하는 것입니다.

제가 속한 홍익뿌리인성교육원 학습 모임에서는 3개월에 한 번씩 봉사활동을 갑니다. 벌써 12년째입니다. 봉사처에서 제발 와달라고 사정하지 않았습니다. 우리 학습모임에서 스스로 결정하여 가는 것입니다. 봉사를 가면 육체적으로는 힘든 것은 사실이지만, 정신적으로는 많은 것을 얻어 오기도 하고 힐링을 하기도 합니다.

하지만 그도 자발적이지 못하고 학습 모임 Rule을 따르기 위해 마지못해 오시는 분이 있으시다면, 약속은 지켰는지 모르지만 자신은 즐겁지 않았을 것입니다. 이런 일들을 만약 누군가의 강요에 의해서 한다면 이것은 자발적이라 할 수 없을 것입니다.

2014년 3월 경성 목양관 봉사 활동 모습

중 · 고등학교 때 일입니다. 항상 그랬듯이 개학을 하면 무슨 할 이야기들이 그리도 많은지, 그때는 여행을 많이 가던 때가 아니라 그런지 몰라도 방학 동안에 경험한 것에 대한 이야깃거리가 많았습니다. 그런데 항상 학교에 오자마자 해야 하는 것은 그 이야기가 아니라 청소였습니다. 한 달간 쌓인 먼지를 털어 내고 쓸고 닦고 해야 개학식을 하고 수업을 시작할 수 있었습니다. 아마도 그 풍경은 요즘도 다르지 않을 것 같습니다.

제가 중학교 시절, 개학을 하루 이틀 앞둔 어느 날 그런 생각을 했습니다. '개학 전날 미리 가서 청소를 해 놓는다면, 당일 아침 친구들은 방학 동안의 재미있었던 이야기를 더욱 많이 할 수 있을 텐데…….'라고 말입니다. 그래서 개학 전날, 동네에 사는 친구 녀석들에게 동의를 구하고 함께 청소를 했습니다.

그리고 대망의 개학 날 아침. 누가 청소해 놓았냐고 물어보는 친구도 없고, 수고에 대하여 알아주고 인정해 주는 사람 아무도 없지만, 그때의 기억은 지금 생각해도 뿌듯합니다. 그 후 고등학교 개학 때도 혼자 가서 몇 번 청소했던 기억이 있습니다. 자발적으로 하면 이렇게 좋은 추억이 됩니다.

전 직장에서 근무하던 때입니다. 냉온수기에 물이 떨어지면 항상 제가 직접 물을 가져다 부어야 했습니다. 제게 주어진 제 업무는 아니지만 말입니다. 그런데 제 키가 160㎝가 안 되다 보니, 사실 물통을 들어 올려 냉온수기에 얹는 것은 쉬운 일은 아니었습니다.

어느 날, 아마 금요일 오후였던 것으로 기억되는데 마침 물이 떨어졌습니다. 저는 일부러 못 본 척했습니다. 그리고 누가 물을 가져다 얹는지 보고 싶어서 그냥 지켜봤습니다.

그렇게 금요일 업무가 끝나고 월요일이 되었습니다. 여전히 물통은 비어 있고, 동료들은 차를 마시러 왔다가 물이 없으니 이웃 부서 냉온수기로 갑니다. 그리고 거기서 자기가 필요한 것을 해결합니다. 결국 어떻게 되었을까요? 그렇게 시간은 흘러 목요일 저녁, 결국 제가 1주일 만에 물통을 가져다 얹었습니다.

그냥 계속 내버려 둘 수도 있었지만, 해야만 했습니다. 당시 부서의 부장께서는 대구가 집이신 분으로, 월요일 아침에 수원으로 출근하시어 근무하시고 금요일은 구미에서 근무하십니다. 그리고 저녁에 대구로 퇴근하십니다. 생각하기에 금요일 아침이면 부장께서 일주일 만에 구미 사무실에 출근을 하시는데, 커피 한 잔 마시겠다고 컵을 들고 냉온수기에 왔는데 물이 없다면? 거기다 물이 없으니 그 분도 컵을 들고 다른 부서 냉온수기를 찾아간다면? 이런 상상을 하니, 도무지 그냥 내버려 둘 수가 없었습니다.

또 다른 부서를 찾아가지 않고 부장께서 직접 물통을 가져다 얹는다는 것도 상상도 하기 싫었습니다. 그래서 제가 했습니다만, 자발적이지 못한 직원들의 모습은 많이 씁쓸했습니다.

다시 세월호 이야기를 하겠습니다. 선장이 승객들에게 탈선 명령을 했느냐 안 했느냐가 논란이 되고 있습니다. 지금 배가 침몰해서 가라앉고 있습니다. 잠시 후면 모두 죽는 상황이 벌어집니다. 이런 상황에서 빠르게 판단하여 자발적으로 탈선 명령을 내릴 사람이 단

한 명도 없었단 말입니까?

그나마 경력이 미천한 고(故) 박지영 씨는 상황을 파악하고 탈선할 것을 소리 질렀다고 합니다. 누구의 명을 받아서 한 것이 아니고, 자발적 판단에 의해서 말입니다. 그 판단으로 수많은 사람을 살렸지만 정작 본인은 살지 못했습니다. 자발적으로 하는 일은 보람이 더 큽니다. 꼴값은 자발적일 때, 더욱 가치 있습니다.

창조성

마지막으로 다섯 번째는 창조성입니다. 리처드 파인만은 창조에 대한 정의로 "기존의 것 95%에 자신의 상상력 5%를 더하여 새로운 것을 개발하는 것이다."라고 했습니다. 지금까지 해오던 것보다 더 잘하는 것입니다.

초 · 중 · 고를 1970~1980년대에 다닌 저자는 지금의 이런 세상을 상상도 못했습니다. 당시에 전화를 하기 위해서는 교환에게 신청을 해 놓고 연결되도록 기다려야 했습니다. 소풍갈 때 사진을 찍으려면 사진관에 가서 카메라를 빌려야 했습니다.

또 내 집에 TV가 없으면 TV 있는 집을 기웃거리며 프로레슬링을 보았고, 밀림의 왕자 〈타잔〉을 보았습니다. 저 어린 시절, 라디오는 없었고 집집마다 스피커만 연결해 놓으면 이장 집에서 틀어주는 라디오를 들으며 새마을 노래를 배웠습니다.

신문은 읽는 것보다는 배달을 먼저 경험했고, 열차표 사기 위해 긴 시간 줄을 서서 기다린 기억도 있습니다. 하지만 이제 선배들의 창조성에 대한 노력의 결과로, 지금은 그때와 비교하면 완전히 딴 세상으로 바뀌었습니다.

스마트 폰 한 대로 전화, 카메라, TV, 라디오, 신문, 은행, 열차표 구매 등 못하는 것이 없는 지금의 세상으로 말입니다. 각각 따로 존재하던 것들이 지금은 하나 안에 모두 있습니다. 앞으로 제가 살아갈 미래 그리고 우리 후손들이 살아갈 미래는 또 창조성으로 어떻게 변화할지 기대가 됩니다.

세월호 사고를 통해 우리는 또 많은 것을 잃었고 또 얻었습니다. 앞으로 더 잘하기 위해 우리는 노력하고 바꾸어 가야 합니다. 또 다시 하나의 이벤트가 마무리된 것으로 생각해서는 안 됩니다. 재난 발생 시 대처요령을 확실하게 메뉴얼화 하고 실천해야 합니다. 꼴값도 못하는 무자격자를 골라내고 잘할 수 있는 사람으로 배치하여 책임과 권한을 주어야 합니다. 그래야 창조성을 발휘할 수 있습니다.

2014년 강원도 양구의 배꼽산촌유학센터에서 생활하면서 근처 초등학교에 입학한 쌍둥이가 있습니다. 그 아이들이 학교 갔다 오면 저는 물어봅니다. "오늘은 학교에서 무엇을 배웠니?" 그러면 그 쌍둥이들은 이구동성으로 "놀았어요! 놀다 왔어요."라고 대답합니다. 그래서 그 아이들의 일주일 수업 계획표를 봤습니다. 그런데 수업 계획표는 잘 짜여 있었습니다. 그리고 그 계획대로 수업은 진행되었던 것입니다.

그것을 아이들은 "놀았다"라고 표현하는 것입니다. 저는 그 모습이 매우 바람직하다고 생각합니다. 창조성이 향상되어 지금보다 더 잘하기 위해서는 고정된 지식을 강요하기보다는 유연하고 자율적인 분위기에서 새로운 아이디어 발상이 이루어져야 한다고 생각합니다.

대한민국의 미래를 위해 매우 바람직한 창조 교육입니다. 꼴값을 하는 사람이 되기 위해 무엇을 새롭게 더 잘해야 할지 우리 모두 함께 고민해 봐야겠습니다. 창조성이 우리 미래의 식량입니다.

L E T

1960~1970년대는 새마을 운동이 나라를 살렸고,

1970~1980년대는 성령부흥운동으로 한국기독교가 성장했으며,

1980~1990년대는 민주화 운동으로 문민정부를 탄생시켰다면,

이제는 꼴값하기 운동으로 후손(사람)이 사람답게 사는 세상을 만들어 줍시다

KKOLGAP

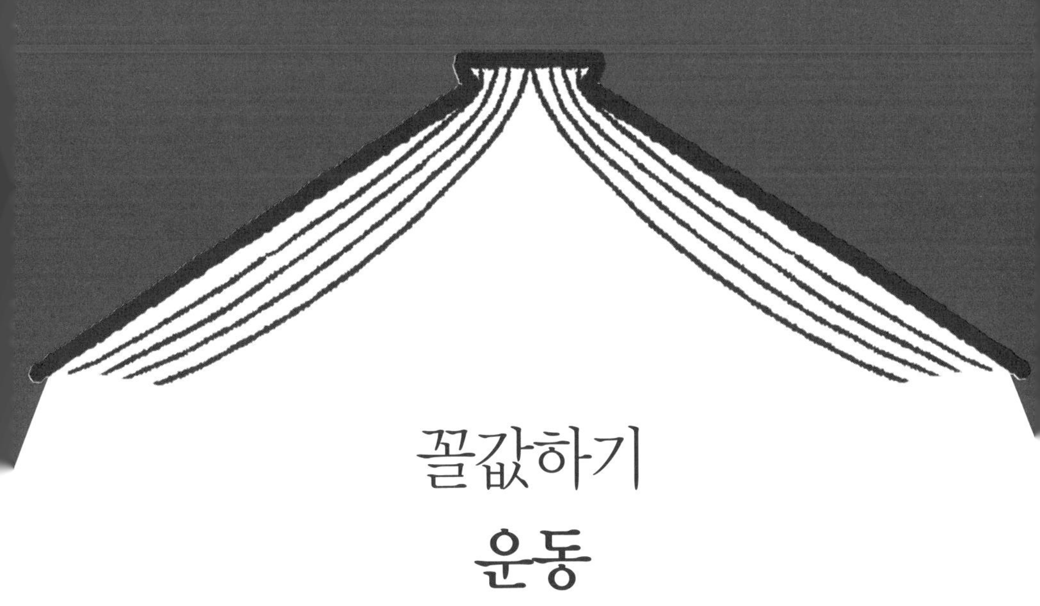

꼴값하기 운동

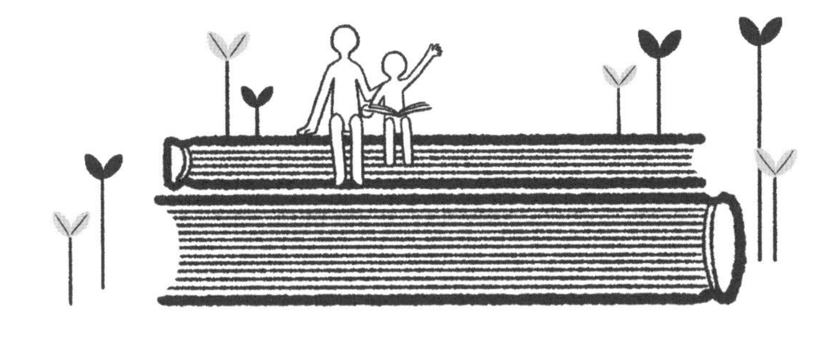

반구제기(反求諸己)

대한민국에 온전한 꼴값운동이 일어나기 위해서는 가장 먼저 자기성찰이 있어야 합니다. 우리 삶 속에 반구제기(反求諸己)의 자세가 필요합니다.

맹자 공손추상(公孫丑上)에는 "仁者如射 射者正己而後發 發而不中 不怨勝己者 反求諸己而已矣(인자여사 사자정기이후발 발이부중 불원승기자 반구제기이이의)"라고 하였습니다. 그 의미는 "어진 자는 활쏘기를 하는 것과 같으니 활을 쏘는 자는 자신의 자세를 바로 한 후에 발사해야 한다. 발사한 것이 맞지 않더라도 자신을 이긴 자를 원망하지 않고 돌이켜서 자신에게서 찾을 뿐이다."라는 뜻입니다.

여기에서 '반구제기(反求諸己)'는 '돌이킬 반', '구할 구', '모두 제', '몸 기'를 써서 '돌이켜 자신에게서 찾는다'는 뜻을 가지고 있습니다. 활쏘기의 결과가 좋지 않을 때에는 활을 탓하거나 화살을 탓하거나 바람을 탓하거나 하지 말고, 자신의 자세나 몰입에 문제가 없었는지 돌아보아야 한다는 뜻입니다.

반구제기(反求諸己)에 대한 고사를 소개합니다.

아주 오래전, 중국에는 하(夏)나라가 있었다. 이때의 국왕 우(禹)는 치수사업에 공이 있어 보위를 물려받았다. 그러던 어느 날, 배반했던 유호씨(有扈氏)가 대거 병사를 이끌고 침범하자 그의 아들 백계(伯啓)로 하여금 막게 하였다. 그러나 이 싸움은 백계의 대패로 막을 내렸다.

"승복할 수 없습니다. 다시 한 번 싸웁시다."

백계의 부하들은 어이없는 결과에 반신반의하며 다시 한 번 싸울 것을 강력히 주장했다. 그러나 백계는 고개를 저었다.

"다시 싸울 필요는 없다. 나는 그의 근거지에 비하여 작지 않고 병사의 수효도 부족하지 않는데 우리가 패했다. 이것은 결코 우연이 아니다. 분명 무슨 이유가 있을 것이다. 아무래도 내 덕행이 부족하여 부하들을 가르치는 것에 소홀함이 있었을 것이다. 분명 내 자신으로부터 원인을 찾아야겠다."

백계는 이때부터 뜻을 세워 분발했다. 결코 맛있는 것을 탐하지 않았으며 백성을 사랑하고 덕을 품은 사람을 존중하였다. 이렇게 한 지 얼마 후엔 유호씨도 기꺼이 귀순하였다.

우리는 그동안의 대형사고와 구조과정을 지켜보면서 "나는 잘못한 것이 하나도 없고 모두 다 너희들이 잘못했으니 책임져라" 식으로 청해진 해운 탓, 세월호 탓, 해양경찰청 탓, 안전행정부 탓, 해양수산부 탓, 정부 탓 등 '탓탓탓'만 하고 있지는 않으셨습니까?

이제 나부터 돌아보아야 합니다. 나는 잘못한 것이 없는지, 하늘이 명한 네 가지의 본성에 따라 충실하게 잘 살았는지 돌아보아야 합니다. 그리고 나도 세월호 침몰 사고의 책임자 중에 한 사람임을 잊지 말아야 합니다. 그래야 또 다른 대형 사고를 예방할 수 있습니다.

성경 잠언 16장 32절에 "노하기를 더디 하는 자는 용사(勇士)보다 낫고, 자기의 마음을 다스리는 자는 성(城)을 빼앗는 자보다 나으리라" 했습니다.

이때 '마음'이란 무엇을 말합니까? 맹자의 사단지심을 말합니다. 기독교, 유교, 불교를 떠나서 측은지심의 마음으로 우리 주변의 사람들을 돌아보아야 하며, 수오지심의 마음으로 후배들에게 부끄럽지 않아야 하고, 사양지심의 마음으로 겸손하고 양보하는 삶을 살아야 하며, 시비지심의 마음으로 항상 옳고 그름을 판단하여 옳은 방향으로 선택하여 살아야 합니다.

우리 대한민국의 모든 국민들은 이제 자기의 마음을 잘 돌아보고 잘 다스려서 이름값, 나잇값, 자릿값을 충분히 하는, 그래서 더 이상 부끄럽지 않은 성인이 되고 정말 안전하고 행복하고 살기 좋은 대한민국을 만들어 우리 후손들에게 물려줄 수 있는 기회를 잡았습니다. 후배들에게 칭찬받을 기회 말입니다. 그것은 바로 꼴값하기운동을 하는 것입니다.

꼴값하기운동 일어나야

이 글을 읽고 받으신 느낌이 있으시다면, 꼴값을 하도록 한 가지라도 실천해 주시길 당부 드립니다. 그리고 주변의 많은 사람들에게 "꼴값은 하자"고 독려해 주시고, 무엇보다 이 꼴값운동이 전국적으로 일어나도록 소문을 내 주시고 강사 초청 좀 해 주세요. 강사는 단순히 돈을 버는 것이 목적이라기보다는 우리의 꼴값운동을 통해 우리 후배(후손)들에게 행복한 나라를 물려주고 싶습니다.

1960~1970년대 우리 선배님들이 새마을 운동과 '잘 살아 보세!'를 외치며 근면 성실하게 일하셨기에, 오늘을 사는 우리 후배들이 잘 먹고 잘 살고 있는 것입니다. 1970~1980 년대 교회에서는 성령부흥운동이 일어나 한때 대한민국 기독교인이 1,200만여 명에 이르기도 했습니다. 또 1980~1990년대 선배들은 민주화 운동을 통해 군사정권을 몰아내고 문민정부를 탄생시켰습니다.

이제 이 시대를 살고 있는 기성세대들이 우리의 후배들을 위해서 무엇인가 해 줄 수 있는 것이 있다면, 그것은 꼴값운동이고 꼴값하는 모습입니다.

가정에서부터 꼴값운동이 일어나야 합니다. 그래서 이혼율을 줄이고, 효 운동이 다시 일어나야 합니다. 그래서 존경받는 부모의 모습 보여 주어야 합니다.

공교육에서는 교사들이 스승으로 돌아가야 합니다. 학생들에게 싸가지 없다고 하기 전에, 교사들이 먼저 싸가지의 마음을 보여 주어야 합니다. 그것이 교사의 꼴값입니다.

종교인들 또한 종교인의 꼴값으로 해야 합니다. 기독교인이 아닌 그리스도인이 되어야 하며, 불교인이 아닌 진정한 부처가 되어야 합니다. 그렇게 내가 먼저 꼴값을 할 때 우리 가정이 꼴값하고, 우리 사회가 꼴값하는 사회가 됩니다.

독자 여러분! 우리의 꼴값은 하고 사십시다.

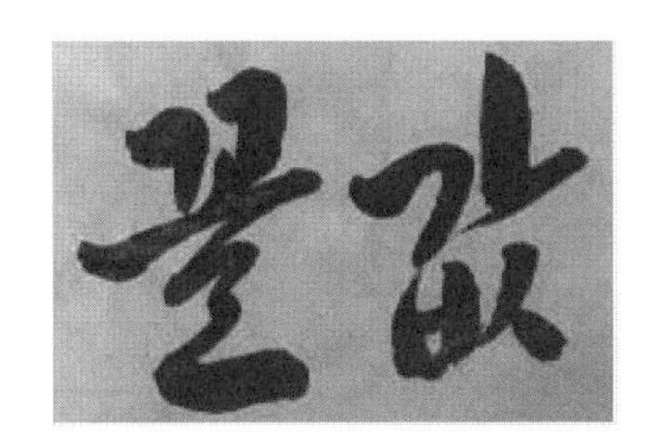

이 모든 영광을 하나님께 올립니다

이 글이 완성되기까지 여러모로 도움을 주신 모든 분께 감사 인사 올립니다.

홍익뿌리인성교육원 원장님과 교수님들 학습회원님들과 함께 학습했던 모든 OB회원님들 감사합니다.

늘 기도해 주시는 충만한 교회 엄영선 목사님과 권옥순 사모님, 이춘실 장로님 신현구 장로님을 비롯한 모든 교우님들 고맙습니다. 필자에게 힘을 주고자 생명보다 더 소중하게 생각하는 것을 주어 응원해 주신 이름을 밝힐 수 없는 천사집사님 부부! 진심으로 감사합니다. 필자의 성공과 안녕을 위해 늘 기도하신 故김진섭 목사님(정미숙 사모님, 한샘, 한나) 가족 감사합니다.

늘 용기를 주시고, 홍보해 주시며 힘을 주시는 기쁨세상 이상헌 선생님과 기쁨축제 특강 때 들으시고 용기를 주신 회원님 모두 감사합니다.

강사의 길을 간다고 했을 때 매일매일 기도해 주시고, 강의 할 수 있는 무대를 만들어 주시며 오늘까지 키우고 이끌어 주신 휴먼&챌

린지 신택현 대표님과 사모님 그리고 패밀리 강사로 뭉쳐 늘 응원하고 계신 이수미, 김순영 강사님 고맙습니다.

그 누구보다도 적극적으로 응원해 주시며 만날 때마다 먹을거리와 건강까지 챙겨 주시는 락에듀테인먼트 이용영 대표님 고맙습니다. 친 형님처럼 동생을 생각하고 자녀들에게 호칭할 때 삼촌이라 불러 주시며 집으로 부르시어 반찬을 한 보따리 싸 주신 껑충연구소 한영석 소장님과 사모님 고맙습니다.

좋은 친구가 되어 주기도 하고 힘들 때 힘도 주시는 양구배꼽산촌유학센터 김순자 원장님과 직원들 그리고 학부형님들과 산촌유학센터 청소년들에게도 감사합니다.

초등학교 때부터 대학원까지 그리고 직장 생활과 강사 생활을 하는 동안 애정으로 가르쳐 주신 탁준애 은사님, 방종대 은사님, 김안웅 은사님, 송병운 은사님, 최운실 은사님과 박상홍 장로님, 노만응 은사님, 장원택 은사님, 김정순 은사님 감사합니다.

꼴값하는 세상을 위해 인물뉴스닷컴에 글을 실어 주신 조영관 기자님, 경기도민일보의 김예호 기자님, CEO포럼에 초청해 특강 기회를 만들어 주시고 좋은 기사까지 실어 주신 주간현대신문 이여춘 대표님 감사합니다.

같은 봉사자로 봉사하면서도 회사로 초청해 특강할 수 있는 기회를 주신 경기여자자립청소년자립생활관 강종원 회장님과, 박원일 부회장님, 오명희 관장님을 비롯한 봉사자님들께도 감사드립니다.

그리고 '꼴값'이란 단어에 관심을 가지고 강사로 초청해 주신 한

국니토옵티칼 김홍인 대표이사님을 비롯해 전국의 모든 고객님들께도 감사 인사 올립니다.

힘들고 어려울 때 내민 손 잡아 준 강영산, 양근석 형님과 이태진 친구가 고맙습니다.

출판 비용에 보태라며, 후원금을 보내준 손은희, 윤석준, 이재욱 친구들이 고맙습니다.

이 책의 원고를 쓰고 출판을 고민할 때, 작가와 함께 사는 세상을 만들어 가고 싶다며 작가에게 참 좋은 조건으로 출판을 약속하신 도서출판 책과나무 양옥매 대표님 진심으로 감사합니다.

꼴값도 못하는 아빠를 늘 응원해 주고 기도해 주는 대한민국 최고의 국민배우를 꿈꾸는 큰아들 형진이와 영혼을 울리는 뮤지션을 꿈꾸는 작은아들 형원아! 너희들이 자랑스럽고 고맙다. 그리고 보이는 곳에서 보이지 않는 곳에서 늘 응원하며 기도했을 아이들 엄마에게도 미안한 마음과 고마운 마음 전합니다. 사랑하는 동생의 성공을 위해 늘 기도해 주시는 경옥 누님과 조카들, 성만, 성태 형님과 조카들, 성운동생과 가족들께도 고마움의 인사 올립니다.

끝으로 글을 쓰도록 지혜를 주셔서 첫 번째 저서를 완성하게 하신 하나님께 감사드리며, 이 모든 영광을 하나님께 올립니다. 감사합니다.

2016년 6월

수원에서 조성용

지금의 나에게 오는 이익만 생각하지 말자

이 글을 쓰게 된 계기는 세월호 침몰이었습니다. 필자는 2005년부터 한국형 인성교육을 목표로 학습을 시작했습니다.

매번 명심보감을 중심으로 좋은 글에 대한 해석을 듣고 나면 "참 좋은 글이고 옳은 말씀이다" 정도의 감동은 있었습니다. 어느 날 "꼴값"이란 단어의 뜻을 알았을 때, 무릎을 '탁' 치며 그 말에 담긴 심오한 뜻에 감탄했습니다. 하지만 거기까지였고, 10년을 공부하면서 매년 똑같은 이야기를 들으면서도 생활에 실천은 생각하지도 않았습니다. 물론 신호등 지키는 것 등 일부 지키려고 노력한 것도 있기는 합니다만, 적극적으로 실천하지 않았습니다.

그러던 중 지난 2014년 4월 16일, 세월호 침몰을 보면서 "큰일 났다! 이 사고의 원인은 100% 선배들이 꼴값을 못한 데 있는데, 앞으로 이런 대형 사건 사고를 예방하려면 어떻게 해야 할까?"를 고민하다 '꼴값하기운동'을 해야겠다고 생각하고 글을 쓰기 시작했습니다.

10여 년 동안 공부한 내용을 정리하고 자료를 찾고, 은사님께 자문을 구하고 사례를 구하여 급하게 초고를 써서 출판을 진행하려

했지만, 초보 작가의 글을 출판해 주겠다는 곳은 한 군데도 없었습니다.

그래서 출판을 뒤로 미루고 "꼴값을 하고 살자"를 주제로 강의안을 만들어 최초로 양구 배꼽산촌유학센터 청소년들과 학부형을 대상으로 처녀 강의를 시작했습니다. 때마침 인천노인인력개발센터서 일자리 어르신들 대상 프로그램으로 제안서를 보냈더니, 담당자이신 안호광 주임께서 긍정적으로 보시고 첫 번째 강의를 주셨습니다.

계양구 어르신들 약 300여 명을 대상으로 "어르신들의 꼴값은 하고 사세요!" 했을 때 젊은 놈이 어르신들한테 버르장머리 없이 '꼴값'하라 한다고 호통 치시지는 않을까 걱정을 했는데, 강의 중에 10여 차례나 박수가 나왔습니다. 필자는 그때 자신감을 얻어 이 주제가 지금 우리 사회에 꼭 필요함을 깨닫고 더욱 좋은 강의를 위해 연구하여 강의를 진행했습니다.

한국폴리텍대학 화성캠퍼스에서 하던 직장인 특별과정에 '직업관'의 내용으로 강의하던 내용을 '꼴값'으로 바꾸어 진행하며 좋은 반응을 얻었고, 화성상공회의소 방문교육의 주제인 '목표달성을 위한 시간설계'에 대한 내용을 '꼴값을 못하면 목표달성도 시간낭비도 초래할 수밖에 없다'고 하니 역시 반응이 좋았습니다.

2014년 9월에는 존경하는 김홍인 사장님이 계시는 한국니토옵티칼 중간 관리자를 대상으로 5차수 '관리자의 꼴값은 하고 살자'를 진행했으며, 이후 안전관리자, 여성단체, 귀농.귀촌인, 새마을

지도자, 자율방재단, 청소년, 심뇌질환 관리자, 교사, 버스기사, 직장인, 각종 서비스인 등 다양한 계층에서 강의 요청이 있었고, 2015년에는 충만한 교회 임원들을 대상으로 '그리스도인의 꼴값은 하자'를 주제로 특강 후 회개운동이 일어나기도 했습니다. 그리고 마침내 인터넷 신문 인물뉴스닷컴, 경기도민일보, 주간현대신문 등에 기사가 실려 언론에 노출되는 기쁨을 얻기도 했습니다.

하지만 이렇게 혼자 꼴값을 하자고 외치고 다니는 중에도 지하철 2호선 추돌 사고, 장성요양병원 화재, 레이디스코드 교통사고, 판교 환풍구 추락 사고, 군부대 폭행 사고, 어린이집 구타 사고, 성추행 사고, 크림빵 사고, 농약 살인 사건, 노모 살인 사건 등 사람의 생각으로는 도저히 이해할 수 없는 꼴값을 못하는 사건 사고는 계속 발생하고 있고, 지금 글을 쓰고 있는 이 시간에도, 여러분이 이 책을 읽고 계실 그 시간에도 꼴값 못하는 모습은 계속되고 있을 것입니다.

아무리 실력이 우수한 엘리트 직원을 채용하더라도 기본적인 인성이 바로 되어 있지 않다면, 어느 순간 그는 산업스파이로 전락해 회사 영업 비밀을 도적질합니다. 협력사 임직원들에게 술을 사라고 하는 등 부정을 저지릅니다. 결국 꼴값 못하는 한 사원 때문에 회사 브랜드 이미지는 추락하고, 고객으로부터 외면 받게 됩니다. 우리는 이런 사례를 이미 많이 경험하고 있지 않습니까?

이런 사건 사고가 계속되는 이유는 인성교육의 부재가 가장 큰 원인입니다. 부랴부랴 2015년 정부는 인성교육진흥법을 만들고,

7월부터 청소년 인성교육을 법제화하여 실행하고 있습니다. 하지만 필자는 걱정이 됩니다. 우리의 관행으로 볼 때 ,몇 년 후 인성교육기관 선정과 관련해 수갑 차고 수감되는 일부 공직자의 모습이 보이기 때문입니다.

최소한 인성교육을 담당하는 기관이나 인성강사는 인성이 바른 사람이어야 합니다. 인성적으로 볼 때 조금의 부끄러움이 없는 단체나 사람이어야 한다고 생각합니다. 하지만 불 보듯 빤히 보이는 것은 인성교육을 법적으로 시행한다고 하니, 교육은 모르고 돈만 보는 일부 기관과 사람들이 벌써부터 우후죽순처럼 몰려들고 있다는 사실입니다. 인증기관으로 지정받기 위한 각종 조건을 갖추고 있습니다. 필요에 따라서는 교육도 하겠지요. 하지만 이 모든 것들이 형식적으로 진행되면 안 되고 우리 후손들의 미래를 위한 것이기에 기관 선정이나 강사 양성에 신중을 기하지 않으면 안 됩니다.

그렇다고 인성교육을 중단하지 말고 진행되어야 합니다. 부정한 짓을 한 사람을 찾아내 일부를 감방에 보내더라도, 그래서 시행 과정에 아픔을 겪더라도 인성교육은 반드시 해야 하고 정착시켜 우리의 후손(후배)들이 잘 사는 나라를 만들어 줘야 합니다.

교육은 백년대계(百年大計)라 했습니다. 오늘의 정책과 인성교육의 효과는 단기간에 나타날 수 없고, 필자와 이 글을 읽는 우리가 죽고 난 다음에 나타날 것입니다. 그들을 위해 이 시대 선배들의 희생이 필요하다면 선뜻 희생해야 하지 않을까요? 그 희생이 우리 기성세대가 오늘을 사는 이유이겠지요?

오늘 이 책을 마무리하시는 여러분! 이제 우리가 다시는 후회하지 말아야 하는 것이 있습니다. 그것은 바로 기회를 놓치는 것입니다. 그 기회란 첫째, 이 책을 읽은 후 바르게 살 수 있는 기회입니다. 둘째, 바르게 보여 줄 수 있는 기회입니다. 그리고 셋째, 바르게 가르칠 수 있는 기회입니다. 우리가 이 세 가지 기회를 놓치지 말아야 하는 것은 바로 우리 후손들을 위한 것이기 때문입니다. 역사 속에 바르게 살다 가신 훌륭하고 존경받는 조상님으로 남으시겠습니까? 아니면, 남들한테 말하기도 부끄러운 조상님으로 남으시겠습니까?

존경하는 독자 여러분! 지금의 나에게 오는 이익만 생각하지 말고, 미래의 후손(후배)들을 위해 인성이 바른 대한민국을 함께 만들어 가십시다. 우리 모두 나의 꼴값은 하고 사십시다.

꼴값을 역할로 이해하니 현재 당면한 우리나라의 다양한 모습을 보면서 '정말 꼴값 못하는 사람들이 많구나.' 하는 생각을 하게 됩니다. 이제 저부터라도 꼴값은 하는 부끄럽지 않은 삶을 살아야겠습니다.

– 스마트경영컨설팅 함희순 대표

'관리 감독자 안전교육'에서 조성용 강사님의 꼴값 강의 한마디 한마디에 울고 웃었다. 가슴 찡한 내용에서는 나도 모르게 눈물이 났고, 가슴 뭉클한 선행에서는 미소 짓게 만들었다. 아직 우리나라에는 우리가 살아가는 맛이 나게 하시는 분들이 많구나. 이런 분들이 있어서 아직도 살맛 나는 세상이 아닐까?

– 한전산업개발 김정효 부장

꼴값이라는 단어가 좋은 뜻이 아닐 거라 생각했었는데, 막상 그 뜻을 풀이해 보니 나의 이름값, 나잇값, 자릿값을 하라는 뜻이었습니다. 저부터도 살아가면서 사실 '꼴값을 못하지 않았나?'라는 생각을 다시금 해 보게 되고, 그것을 실천을 함에 있어 "인의예지"라는 것도 알게 되었습니다. 교육받는 동안 2시간이 아쉬울 정도로 금방 지나가 버렸네요. 다음에 또 기회가 된다면 좋은 말씀 듣고 싶습니다.

– 무림파워텍 류은석 대리

오늘 강의 정말 좋았습니다. 함부로 쓰면서 나쁜 이미지만 가지고 있었는데, 꼴값에 대하여 알고 나니 그 단어가 존경스럽게 느껴집니다.

– 원주NH미즈대학 3기 서옥지

'자기가 지켜야 할 도리'라는 '꼴값'이라는 말이 인상적이었으며, 몰라서 못 지키는 것이 아니라 알면서도 행동이 뒤따르지 못하는 현실을 저 역시도 안타깝게 생각합니다. 지금 자기가 있는 자리에서 나로 인하여 다른 사람에게 불편하거나 피해가 없도록 하고, 나로 인하여 많이 웃을 수 있게 하는 배려하는 마음을 많이 키워야겠다는 것을 깨닫는 시간이었습니다. 감사하였습니다.

– 한국전력전우회 사무국장 김칠규

바르게 살자, 인성이 바른 사람이 상식적이다, 알았으면 실천하라 등 많은 메시지를 주셨는데 다 실천을 못하더라도 자녀들의 기억속에 부끄러웠던 엄마의 모습은 남지 않도록 잘 살겠습니다.

– 한국생활개선회 평창군연합회장/
평창강 오디.복분자. 오미자 사랑 농장 대표 연경숙

“여성지도자의 꼴값을 하자’ 란 주제의 특강은 앞으로 우리 청주시여성단체협의회가 나아갈 방향에 대하여 명확하게 제시한 매우 의미있는 특강이었다고 생각합니다

– 청주시여성단체협의회 회장 전은순

특강 후 교우들 반응

권사님 충만한교회
오은아청년입니다.
오늘 강의 정말 잘 들었습니다.
제가 신분이 대학생이다보니
학교에서 많은 교수님들의 강의를
듣는데 이번 권사님의 강의는
대학에서 교수님들이 전해주시는
강의 그 이상의
강의였던것같습니다.
저도 오늘 권사님이 전해주신대로
그리스도인의 꼴값을 실천하며
살아가도록 노력하겠습니다.
감사합니다 평안한 밤 되세요^^

상주니 5시간전
강의 너무 잘 들었습니다 그리고 느낀점도 많았고
반성도 많이 하였습니다 그래서 더욱
감사드립니다^^

김영화집사♥ 4시간전
목장예배에서도 설교말씀과 함께 강의 내용에
언급을 하게 되었네요!
한시간후에 하나님께서 나를 데려가신다면?
각자에 간증하는 시간이 되었네요.

이창용 1.22 오후12:05
어제 강의 잘 들었습니다
다시한번 상식과 기본에 대해 생각하는
시간이었습니다

권사님의 강의를 통해 저희가 다시한번 깨어날수
있는 계기가 되었습니다

신현구 1.22 오전6:37
장로로서 부족한것 많지만 믿고 같이 해주는
그리스도인 보면 내 자리값은 해야 되겠다고 다짐을
하고 결단하는 시간이 되었습니다. 조성용 권사님께
감사를 드립니다.

엄영선 1.22 오전7:39
기본을 지켜야 꼴값하고 살수있다는것을 다시
생각하게 해주셨습니다 명강의 감사감사 합니다
하루속히 스타강사로 돌음을 해서 믿지 않는
사람들에게 기독교적 인성이 강의되기를 기대합니다

하금선 1.21 오후10:51
권사님 멋져부려요~~~
정말 은혜로운 시간이였고 꼴값하며 살아야겠다고
다시 다짐하는 시간이였습니다
올 감사합니다
푹쉬세요

하느리말금김순천 1.22 오전12:38
강의 잘 들었습니다.
집오면서 다른교회 권사님들께 홍보했습니다.

조영미 1.22 오전7:25
앞으로 이동해서 강의 들길 잘했어요. 말씀이 쏙쏙
우리교회의 자랑중 한분이 되셨어요. 감사합니다.

김주화~♥ 1.22 오전7:42
서울에 친구집사와 큰시누에게 자랑하였습니다~^.^
저희들에겐 스타강사십니다~^.^
올한해도 그리스도인의 삶으로써 권사님의 강의로
더욱 풍성해졌습니다~^^*
크게 어려운조건도 아닌것이였는데 그동안 많이
노치며 살았네요~
자녀의 양육도 더 잘 가르치겠습니다.
가장 기본앞에 낮아지겠습니다.
감사합니다.^.^

김주화~♥ 1.21 오후10:32
이름값,나이값,자리값
그리스도인의 꼴값하며 살겠습니다~^.^
집에들어와 큰아이가 말합니다. 자기들도 꼴값이네!
요즘은 깝친다라 한다네요~ㅎㅎ
앞으론 친구들에게 그리스도인의 말투로 꼴값한다
한다네요~
오랜만에 버스타고 아이들과 좋은강의로 웃고
행복하고 감사한 시간였습니다.
그리고 주신책 목사님께서 먼저 읽으시고 주시면 잘
읽겠습니다~^.^
멋지셨습니다~
최고의 시간이였습니다~♡
\(*o*)/

정은희
권사님 명강의 정말잘들었습니다
가장기본적인것을놓치며살았던 부분을
명쾌한답주셨어요
부족함투성이지만 그리스도인의제자리를
지키는꼴값을 실천하는결단합니다
감사합니다

오경옥 1.21 오후10:43
오늘 강의 듣고 실천하는 꼴값되어보려구
다짐해보게되었습니다
책 선물 주셔서 감사합니다 읽어보고 싶었던
책이었는데 뜻밖에 주셔서 ~ 잘읽겠어요
권사님 명강의 화이팅!~~*

김경숙 1.21 오후10:34
항상나이값하는꼴값하여살겠습니다오늘말씀너무좋
았습니다

전 국민 꼴값하기 실천운동 10

전 국민 바른 인성회복과 후배들에게 부끄럽지 않은 나라를 물려주기 위해 다음 10가지를 다 함께 실천합시다.

1. 하루에 한번은 부모님께 목소리 들려줍시다.(자녀의 꼴값)

자녀의 목소리 들려주면 부모님은 하루를 더 즐겁게 사실 수 있습니다.

2. 대중교통 이용시 노인과 임산부에게 자리를 양보합시다.(젊은이의 꼴값)

오늘 내가 보여 준 만큼 후배들이 배우고, 오늘 나의 양보는 보험입니다.

3. 대중교통 및 공공시설에서 전화 통화는 작은 소리로 합시다.(국민의 꼴값)

지금 내 옆에서 곤히 잠든 이의 꿀잠을 깨울 수도 있습니다.

4. 계단 이용 시 어르신들의 무거운 짐을 들어 드립시다.(젊은이의 꼴값)

그분의 모습이 내 부모님이고, 나의 미래입니다.

5. 자동차 운전 시 교통신호, 정지선, 규정 속도 반드시 지킵시다.(운전자의 꼴값)

대한민국 세계 1위 교통사고 공화국입니다. 나부터 지킵시다.

6. 가정을 바르게 세웁시다. (가족의 꼴값)

아버지가 무너지면 가족 모두가 무너집니다.

7. 내 집 쓰레기는 내 집에서 처리합시다.(주민의 꼴값)

내가 버린 쓰레기로 인한 최고의 피해자는 내 후손들입니다.

8. 공공시설에 쓰레기(음료캔, 커피잔 등)를 버리지 말고, 버려진 쓰레기는 내가 먼저 주워 갑시다.

버리는 즐거움보다 주워 오는 행복감은 두 배 이상입니다.

9. 부부간에 경어를 사용합시다. 부모는 자녀의 거울입니다.

내 자녀에게 먼저 훌륭한 인성 지도자가 되어야 합니다.

10. 어른(선배)이 먼저입니다.

위험하고, 어렵고, 더러운 일은 어른이 먼저 하는 것은 동양의 질서입니다. 안전하고, 쉽고, 깨끗한 일은 어른(선배)들께 양보합시다.

– 꼴값하기운동본부